Emprendedores

La Aventura de Crear tu Propio Camino

Javier Cano Perera

TABLA DE CONTENIDO

INTRODUCCIÓN

El emprendimiento es una palabra francesa "entrepreneur" usada, en el siglo XII, para diseñoar a las personas que asumían el riesgo de crear un nuevo emprendimiento. A finales del siglo XVIII, pasó a diseñoar a la persona que además de crear, conducía sus proyectos y emprendimientos, comprando materias primas (generalmente un producto agrícola) para vender a terceros, como una oportunidad de negocios y asumiendo riesgos para conseguir el beneficio esperado.

Emprender con éxito significa ser capaz de desarrollar el potencial del aprendizaje y la creatividad, junto con la capacidad de alcanzar una velocidad mayor que el ritmo de los cambios del mercado. Es más, es una capacidad que envuelve la innovación, inversión, expansión de nuevos mercados, utilizando técnicas, productos y servicios prometedores y diferenciales en el mercado, que aprovechan las oportunidades y que presenten las características de innovar, planear, arriesgar, endeudar, ser perseverante, creer en la idea y transformarla en realidad. Este acto se aplica en cualquier área, sea un nuevo negocio, un nuevo proceso, un nuevo producto o un nuevo método utilizado.

Aunque el emprendimiento es un tema ampliamente discutido en la actualidad, su contenido, varía mucho de un lugar a otro, de país a país, de autor a autor. Eso es porque, aunque tenga como origen las investigaciones en economía, el emprendimiento recibió fuertes contribuciones de la psicología y de la sociología, lo que provocó diferentes definiciones para el término y, como consecuencia, variaciones en su contenido.

Para Drucker (1974) el emprendimiento es: práctica; visión de mercado; evolución, y también:

"El trabajo específico del emprendimiento en una empresa de negocios es hacer que los negocios de hoy sean capaces de hacer el futuro, transformándolo en un negocio diferente" [...]

"Emprendimiento no es ni ciencia, ni arte. Es una práctica."

Ser emprendedor significa, por encima de todo, tener la capacidad de realizar cosas nuevas, poner en práctica ideas propias. Empíricamente, el emprendimiento suele ser definido como el proceso por el cual los individuos inician y desarrollan nuevos negocios, siendo un complejo fenómeno que envuelve al emprendedor, a la empresa y el entorno en el cual sucede el proceso.

Según la definición de Dolabela (1999), desarrollada dentro de un amplio contexto económico, "el emprendimiento envuelve cualquier forma de innovación que tenga una relación con la prosperidad de la empresa". En otras palabras, un emprendedor tanto puede ser una persona que inicie su propia empresa, como alguien comprometido con la innovación de empresas ya constituidas. El punto principal de esa definición es que el emprendimiento (en los casos de empresas nuevas o de las que ya llevan algún tiempo establecidas), es un factor primordial, haciendo que los negocios sobrevivan y prosperen en un entorno económico y de cambios culturales, sociales y/o geográficos.

Ese autor también concibe el emprendimiento como un proceso continuo, es decir, las nuevas oportunidades son percibidas por los individuos con visión emprendedora y las exploran así como consiguen transformar los problemas en grandes y destacables oportunidades.

Se sabe que el emprendimiento es un fenómeno cultural, y según Dolabela (1999), [...] "es fruto de los hábitos, prácticas y valores de las personas. Existen familias más emprendedoras que otras, así como ciudades, regiones, países. La verdad es que se aprende a ser emprendedor por la convivencia con otros emprendedores [...] el emprendedor aprende en un clima de emoción y es capaz de asimilar y experiencia de terceros."

ANÁLISIS HISTÓRICO DEL SURGIMIENTO DEL EMPRENDIMIENTO

La palabra Emprendedor tiene origen francés y quiere decir aquel que asume riesgos y comienza algo nuevo. Hisrich (1986) realiza el siguiente análisis histórico del desarrollo del emprendimiento:

PRIMERO USO DEL TÉRMINO

El primer ejemplo de definición de emprendimiento puede ser Marco Polo, que intentó establecer una ruta comercial con el Oriente. En este caso el emprendedor corría los riesgos físicos y emocionales, mientras que el capitalista asumía los riesgos de forma pasiva.

EDAD MEDIA

El término emprendedor fue utilizado para definir aquel que gestionaba grandes proyectos de producción. No asumía riesgos y gestionaba proyectos con recursos puestos a disposición generalmente por el gobierno.

SIGLO XVII

Surgen los primeros indicios de la relación entre asumir riesgos y emprendimiento. La relación entre emprendedor y gobierno, donde el primero asumía la responsabilidad de prestar algún servicio o suministrar productos al gobierno, por medio de un contrato establecido entre las partes. En esos contratos generalmente los precios estaban prefijados, siendo cualquier beneficio o pérdida que pudiera suceder de entera responsabilidad del emprendedor. En este periodo, Richard Cantillon, fue uno de los primeros en diferenciar al emprendedor (que asume los riesgos) del capitalista (que suministra el capital necesario).

SIGLO XVIII

En este periodo el capitalista y el emprendedor fueron finalmente diferenciados, debido probablemente al inicio de la industrialización que ocurría en el mundo, como por ejemplo: Thomas Edison.

SIGLOS XIX Y XX

En este periodo los emprendedores fueron frecuentemente confundidos con los gerentes o administradores, siendo analizados como aquellos que organizan, planean, dirigen y controlan las acciones que se desarrollan en la organización, a servicio del capitalista.

HISTÓRICO DEL EMPRENDIMIENTO EN ESPAÑA Y EN EL MUNDO

Al contrario de los Estados Unidos, en el cual el concepto de emprendimiento ya era conocido y utilizado desde hace muchos años, en España el estudio del tema se ha intensificado a partir de finales de los años 90. La preocupación con la creación de empresas duraderas y la disminución de la tasa de mortalidad de las empresas existentes fueron consideradas como factores importantes para el desarrollo del emprendimiento en España. Esto se debe principalmente a la necesidad de las grandes empresas Españolas en aumentar la competitividad, reducir costes y de mantenerse en el mercado (consecuencias del proceso de globalización y de las tentativas de estabilización de la economía Española). La principal consecuencia de esta situación fue el aumento del desempleo, lo que llevó esos ex-operarios a buscar nuevas formas de supervivencia, muchas veces iniciando nuevos negocios, sin tener experiencia en el sector y utilizando las economías personales. El proceso de creación de nuevos negocios también se intensificó con la popularización de internet, constituyendo en lo que a día de hoy se llama la nueva economía. Además de esos también existen los negocios familiares que se han heredado y dan continuidad a las empresas creadas durante décadas.

Este conjunto de factores incentivó la discusión acerca del emprendimiento en España, con énfasis en:

- Estudios académicos sobre el emprendimiento;
- Creación de programas específicos para el público emprendedor;

Las micro junto con las pequeñas y medias empresas tienen gran importancia en el desarrollo de la economía mundial, siendo responsable por cerca de 50% del PIB en algunos países y con tendencias de crecimiento. En España, en 2003, la participación de esas empresas en el PIB era del orden del 35%.

LA REVOLUCIÓN DEL EMPRENDIMIENTO

El mundo ha pasado por diversas transformaciones en cortos periodos de tiempo, principalmente en el siglo XX, cuando fueron creadas la mayoría de las invenciones que revolucionaron el estilo de vida de las personas. Esas invenciones fueron frutos de innovaciones, de algo inédito o de nuevas formas de utilizar cosas ya existentes. Detrás de esas invenciones, existen grupos de personas que buscan conseguir esos objetivos, es decir, los emprendedores.

A lo largo del tiempo, algunos conceptos administrativos fueron predominando, en virtud a los contextos socio-políticos, culturales, desarrollo tecnológico, desarrollo y consolidación del capitalismo, entre otros.

La enseñanza y discusión sobre el emprendimiento se ha intensificado en los últimos años principalmente debido al rápido avance tecnológico, que requiere de un número cada vez mayor de emprendedores. El avance tecnológico aliado con la sofisticación de la economía y de los medios de producción y servicios generó una necesidad de formalización de conocimientos que antes eran obtenidos de forma empírica. Esos factores nos llevan a lo que actualmente se llama "La era del Emprendimiento", ya que son los emprendedores los que actualmente están creando nuevas relaciones de trabajo, nuevos empleos, rompiendo antiguos paradigmas y generando riqueza para la sociedad.

Dada su importancia para el desarrollo de la economía, el emprendimiento ha sido el centro de políticas públicas en diversos países, conforme podemos ver en los siguientes los ejemplos:

- Reino Unido: En 1998 se publicó un informe acerca de su futuro competitivo, el cual enfatizaba la necesidad de desarrollar una serie de iniciativas para intensificar el emprendimiento en la región;
- Alemania: Ha establecido varios programas que destinan recursos financieros, y apoyo a la creación de nuevas empresas. En la década de los 90, se crearon aproximadamente 200 centros de innovación, proveyendo espacio y otros recursos para empresas start-ups

- Finlandia: En 1995, durante el decenio del emprendimiento Finlandia se lanzó con vistas a crear una sociedad emprendedora, promover el emprendimiento como una fuente de generación de empleo e incentivar la creación de nuevas empresas;

- Israel: El Programa de Incubadoras Tecnológicas (500 negocios ya fueron creados en las 26 incubadoras del proyecto). Tuvieron una avalancha de inversión de capital de riesgo de las empresas israelíes, consiguiendo que más de 100 empresas creadas en Israel hayan conseguido colocar sus acciones en la NASDAQ (Bolsa de acciones de empresas de tecnología e Internet, en los Estados Unidos).

- Francia: Pusieron en marcha iniciativas para promover la enseñanza de emprendimiento en las universidades, particularmente para enganchar a los estudiantes. Se crearon incubadoras basadas en las universidades; crearon una competición nacional para nuevas empresas de tecnología; y crearon una fundación de enseñanza del emprendimiento.

¿QUÉ ES UNA START-UP?

Una Start-up es un modelo de empresa joven, recién creada, o todavía en fase de constitución, implementación y organización de sus operaciones. Pudiendo incluso nisiquiera haber iniciado la comercialización de sus productos y servicios. Puede también ser una empresa totalmente solidificada en el mercado que se benefició de un crecimiento rápido.

Normalmente, las start-ups son empresas de pequeña dimensión, pero que desarrollan un interés cada vez mayor de las industrias tradicionales en la creación y desarrollo de conceptos. De este modo, las start-ups pueden ser pequeños proyectos empresariales, conectados a la investigación, investigación y desarrollo de ideas innovadoras, frecuentemente de base tecnológica, pero también pueden resultar de la iniciativa de grandes grupos empresariales.

El término start-up tiene una herencia de emprendimiento e innovación bastante fuerte, como podemos ver en las empresas como Google, Yahoo, Ebay, Apple, Facebook, Whatsapp y entre otras, que se beneficiaron de crecimientos explosivos y que lideran segmentos de mercado en los que compiten. Start-up es un término fuerte, que transmite energía, decisión, iniciativa.

LAS INCUBADORAS DE EMPRESAS

Una incubadora de empresas es el proceso de generar micro y pequeñas empresas, con el apoyo de las Instituciones que incentivan a los nuevos negocios. Estas pueden funcionar como el mecanismo que estimula la creación y el desarrollo de las micro y pequeñas empresas industriales o de prestación de servicios ya que facilitan e incentivan el proceso del emprendimiento y la innovación en las micro y pequeñas empresas. Las incubadoras ofrecen:

Espacio físico construido o adaptado para alojar temporalmente micro y pequeñas empresas industriales o de prestación de servicios;

- Entorno flexible y alentador;
- Asesoría para la gestión técnica y empresarial;
- Infraestructura y servicios compartidos: salas de reunión, teléfono, fax, acceso a internet, soporte informático;
- Acceso a mecanismos de financiación;
- Acceso a mercados y redes de relaciones sociales;
- Proceso de acompañamiento, evaluación y orientación.

Por ello existen diversos tipos de Incubadoras de Empresas:

- Incubadora agroindustrial: organización que apoya emprendimientos de productos y servicios agropecuarios, con vistas a facilitar el proceso de emprendimiento e innovación tecnológica;
- Incubadora cultural: organización que apoya emprendimientos en el área de la cultura, con vistas a promover el proceso de emprendimientos de productos y servicios culturales;
- Incubadora de artes: organización que tiene como objetivo dar apoyo a personas creativas y emprendedoras que pretendan desarrollar negocios en el área de las artes;
- Incubadora de cooperativas: esta incubadora apoya a cooperativas en el proceso de formación. La estructura tiene características de incubadoras en las regiones locales con el objetivo de crear trabajo y renta en los pequeños municipios vecinos;

- Incubadora social: organización que apoya a los emprendimientos que se inician a través de proyectos sociales y que tienen como objetivo la creación de empleo y renta y en la mejoría de las condiciones de vida de una comunidad, de acuerdo con las oportunidades que tienen para desarrollar en el entorno local;
- Incubadora virtual: organización que se establece vía internet, cuenta con amplio banco de datos e informática, visando estimular nuevos negocios;
- Incubadora de empresas de base tecnológica: organización que apoya a las empresas cuyos productos, procesos o servicios resultan de la investigación científica, para los cuales la tecnología representa un alto valor añadido. Las principales áreas de estas empresas son: informática, biotecnología, química, mecánica de precisión y nuevos materiales, en su gran mayoría son emprendimientos descubiertos en investigaciones científicas o universitarias.

El ejemplo de una empresa incubada en una incubadora de empresas es la Hewlett-Packard o HP (hardware informático). Su historia nace en el año 1937, cuando un Director de una Universidad de Estados Unidos incentivó a dos alumnos graduados a persistir en desarrollar un equipamiento electrónico innovador e iniciar una empresa incubada en la Universidad, realizando investigaciones en el Laboratorio de Radiocomunicaciones.

La iniciativa prosperó y se transformó en uno de los mayores y más innovadores emprendimientos del planeta, la multinacional HP, cuyo primer cliente fue la Organización Walt Disney.

El Espíritu Emprendedor

Los emprendedores son personas que se diferencian de las demás personas por estar más motivadas, estar enamorados de lo que hacen, por no querer ser simplemente más uno en la multitud, quieren progresar y se esfuerzan en eso con determinación, buscando formas para solucionar los problemas que surgen en su camino, con autoconfianza e independencia de pensamiento. Buscan el conocimiento y establecen las metas que se tienen que cumplir.

El emprendedor busca y crea oportunidades, desarrollando los medios necesarios para utilizarlos a su favor. Este hace que las cosas sucedan, se anticipa a los hechos y sabe programarse y organizarse para aprovechar esas oportunidades.

El espíritu emprendedor está presente en todas las personas que de una forma u otra están dispuestas a asumir riesgos e innovar continuamente en sus actividades, aunque estas personas no abran su propio negocio.

Cuando una persona con espíritu emprendedor intenta montar una empresa, puede contar con la ayuda de diversas instituciones, de asociaciones comerciales e industriales, además de proyectos ideados en las universidades de todo el país.

EMPRENDIMIENTO Y CREATIVIDAD

Una buena idea sólo conseguirá ser un negocio de éxito si la trabaja un buen emprendedor.

Una gran idea es normalmente fruto de muchas tentativas, casi siempre surgen después de mucho trabajo.

Es importante que el nuevo emprendedor entienda que la creatividad es una habilidad que puede ser aprendida y depende del esfuerzo que el individuo hace al pensar sobre los problemas y en intentar proponer soluciones para los mismos, una persona que tiene el hábito de pensar en soluciones será más creativo a medida que aumenta su conocimiento y experiencia sobre un determinado asunto.

Un grupo puede generar un nivel de creatividad bastante mayor del que el resultado de un solo individuo, ya que la discusión con otras personas, sobre los problemas y sus propuestas para solucionarlos, aumenta la creatividad.

Los bloqueos mentales son obstáculos que impiden que el individuo perciba correctamente un problema o proponga una solución. Estos bloqueos generan un sentimiento de incapacidad de pensar algo diferente, aun cuando las respuestas más usuales ya no funcionan.

Algunos de estos bloqueos mentales los creamos nosotros mismos, como los temores, prejuicios, experiencias negativas y emociones confrontantes, entre otras.

Otros bloqueos mentales se crean por el entorno en el que vivimos: como las tradiciones, los valores sociales, algunas reglas, la falta de apoyo externo y el conformismo social, entre otros.

La creatividad, muchas veces, se inhibe por esos bloqueos, de esa forma el bloqueo se puede observar en las expresiones:

"La respuesta correcta".

"Eso no tiene lógica".

"Siga las normas".

"Sea práctico".

"No me gusta fallar".

"Juguetear es falta de seriedad".

"Esta no es de mi área".

"Yo no soy creativo".

DINÁMICA DE GENERACIÓN DE NUEVOS NEGOCIOS

Los negocios tienen una estructura compleja y particular en los que el emprendedor interactúa en su entorno con clientes, proveedores y competidores, bajo la influencia de las tendencias más variadas. La comprensión de esa dinámica y su particularización en la generación de los nuevos negocios hacen posible la definición de estrategias para la entrada y permanencia en el mercado.

A pesar de las diversidades, las formas y elementos de la interacción del emprendimiento, se pueden identifican algunos patrones estructurales que sintetizan esa dinámica:

- Oferta y demanda: son factores íntimamente relacionados; la oferta y demanda y el grado de elasticidad a los que están sujetos son determinantes en la concepción, desarrollo y mantenimiento de los emprendimientos.
- Ciclo de vida: el fenómeno del ciclo de vida, analógicamente experimentado en cualquier otra actividad, se caracteriza en la dinámica empresarial por las siguientes fases:
  o Introducción
  o Expansión
  o Turbulencia
  o Saturación
  o Declive

El pasaje y el periodo de permanencia en cada una de esas fases varían de acuerdo con la forma con que la empresa es influenciada por las tendencias y principalmente por la forma de como el emprendedor conduce la dinámica empresarial.

El emprendimiento entonces, se trata de una forma de comportamiento, que envuelve procesos organizacionales que permiten a toda la empresa trabajar en búsqueda de un objetivo común, que es la identificación de nuevas oportunidades de negocios, a través de la sistematización de acciones internas enfocadas en la innovación.

LAS CARACTERÍSTICAS PRINCIPALES CARACTERÍSTICAS DEL EMPRENDEDOR

La persona que desea llegar a ser un emprendedor debe tener algunas características personales y, si no las tiene, debe intentar adquirirlas mediante el estudio y esfuerzo.

Entre las principales características de un emprendedor nos encontramos con las siguientes:

- Aprender de los propios errores: los errores son excelentes fuentes de aprendizaje, el emprendedor al cometer errores debe quitar una lección sobre ese error, sabiendo evitar situaciones semejantes en el futuro;
- Nunca parar de aprender y de crear: para un emprendedor el conocimiento nunca está de más, también debe estar siempre innovando, mejorando sus servicios y productos;
- Dedicarse al trabajo: el emprendedor, más que un operario, debe dedicarse a su negocio, ya que sin esa dedicación su emprendimiento se parará.

- Tener capacidad de organización y planificación: para que cualquier negocio tenga la oportunidad de crecer y lograr el éxito es necesario planear con antelación todas las tareas que se llevarán a cabo. Pero una planificación bien hecha sólo funcionará si hay una organización de ideas y del entorno de trabajo.

- Creer en lo que hace: la autoconfianza es fundamental para un emprendedor. Las dudas e inseguridades son comunes a las personas, pero saber superar la inseguridad es una de las principales características del emprendedor.

- Tener responsabilidad: un emprendedor debe tener la responsabilidad en sus acciones, que deben estar siempre orientadas hacia la mejoría del negocio, por eso debe preocuparse de la calidad de los productos y de la atención, así como de la imagen de su empresa frente al público.

- Ser persistente y determinado aún sin recompensa inmediata: la persistencia y la determinación son actitudes claves en el carácter del emprendedor, estas actitudes son las que diferencian a las personas que superan los problemas que surgen en los negocios de aquellas que se rinden ante estos problemas y desisten.

- Tener visión de futuro y coraje para asumir riesgos: el emprendedor debe tener el conocimiento y la capacidad de interpretar las tendencias para que pueda asumir el riesgo de invertir en servicios y productos nuevos y de esa forma no quedarse estancado en el tiempo.

- Tener la capacidad de liderazgo: la capacidad de liderazgo incluye saber motivar al equipo, corregir los desvíos del camino marcado, evaluar la planificación, saber seleccionar a los miembros del equipo y levantar desafíos para que las metas de la empresa puedan ser alcanzadas.

- Tener la habilidad de trabajar en equipo: de una manera general el emprendedor tendrá que lidiar con un grupo de personas que estarán a su lado, en esa convivencia deberá ser una persona que transmita autoridad, pero sin ser autoritaria;

- Dedicarse al área en la que trabaja: no es obligatorio que al emprendedor le guste el área en el que trabajará, pero deberá tener buenos conocimientos de la misma para que pueda dominar sus principios de funcionamiento y percibir las oportunidades.

- Saber buscar, utilizar y controlar los recursos: los recursos son fundamentales para la marcha de cualquier negocio, por eso el emprendedor deberá saber cómo obtenerlos, como utilizarlos para evitar pérdidas y como invertir estos recursos para obtener beneficios.

- Utilizar la creatividad y la imaginación: una de las características del emprendedor es su capacidad de ser creativo tanto para elaborar nuevos productos y servicios como también para resolver las nuevas situaciones que surgen diariamente en la vida cotidiana de una empresa. Se debe siempre que sea posible evitar usar soluciones preparadas, es decir, se deben interpretar las nuevas situaciones como desafíos a la imaginación en la búsqueda de nuevas resoluciones.

- Estar siempre bien informado: la información es uno de los bienes más preciados del emprendedor, este debe intentar estar siempre actualizado en cuanto a los conocimientos técnicos, de gestión, financieros y legales. Mantenerse muy bien actualizado en su ramo de actividad le ayudará para poder aprovechar las oportunidades que surgen o en crear nuevas oportunidades de negocio.

No siempre una persona reúne todas las características que marcan la personalidad de un emprendedor de éxito. Sin embargo, si usted se identificó con la mayoría de ellas, tendrá grandes oportunidades para que se le pueda dar bien los emprendimientos. Pero, si descubrió que tiene poca afinidad con su vida profesional, deje de un lado este tema e intente desarrollarse profesionalmente.

PERFIL DEL EMPRENDEDOR

Investigaciones de todo el mundo apuntan algunas características que forman el llamado Perfil del Emprendedor. Por ser el emprendimiento un fenómeno cultural, el emprendedor está altamente influenciado por el medio en el que vive, siendo visto como un ser social, es decir, producto del medio en el que vive (época y lugar). El emprendimiento también es un fenómeno regional, ya que existen regiones más o menos emprendedoras que, por su parte, colaboran de forma diferenciada en el perfil de los emprendedores.

Las personas que tienen aptitudes de emprendedores tienen más oportunidades de dar con el emprendimiento correcto, ya que las características innatas o adquiridas por el emprendedor son decisivas para obtener el éxito.

Todos los investigadores creen posible que alguien se forme como un emprendedor, siendo posible también recibir la influencia conviviendo con emprendedores dentro del círculo de las relaciones familiares o personas que han tenido como "modelo", es decir, si han se han criado con emprendedores o empresas de éxito.

Aunque no haya garantía de que los individuos portadores de esas características tengan garantizado el éxito o si una persona va o no va a lograr el éxito como emprendedor es fundamental conocer las características que forman el perfil emprendedor para aumentar la probabilidad de éxito en la apertura de un negocio.

El emprendedor no es un aventurero. Le gusta el riesgo, pero asume riesgos moderados, haciendo todo lo posible para minimizarlo. Tiene un espíritu creativo e investigador, a través de los cuales mantienen constantes búsquedas mediante nuevos caminos y soluciones, siempre amparadas en la identificación de las necesidades de la persona.

La mayor parte de las personas tiende a ver sólo las dificultades y fracasos, mientras que el emprendedor debe ser optimista y buscar el éxito, a pesar de las dificultades. Este es capaz de utilizar sus sentidos para captar del medio aquello que necesita, ya que tiene un sexto sentido a flor de piel, utilizando la experiencia ajena como base para la solución de nuevas situaciones, ya que es altamente creativo e insaciable de cosas nuevas.

Además de las características personales indicadas, para que el emprendedor logre el éxito es esencial que tenga conocimiento técnico en su área de actuación y dominio de las herramientas de gestión para la creación y desarrollo de una nueva empresa, en las áreas de marketing, administración, finanzas, operativas, producción, toma de decisión, control de las acciones de la empresa y negociación. Sin embargo se cree que el individuo dotado de las características de los emprendedores de éxito sabrá aprender lo que lo que sea necesario para la creación, desarrollo y realización de su visión.

Existen también comportamientos extremadamente negativos, que dificultan bastante el desarrollo del espíritu emprendedor.

Lo que el emprendedor no puede tener:

- Miedo al fracaso
- Pesimismo
- Falta de confianza y persistencia
- Fijación funcional, es decir, creer que nunca va a cambiar
- Falta de iniciativa
- Mal humor
- Autoritarismo
- Exceso de trabajo
- Falta de apoyo
- Falta de estímulo
- Entorno muy crítico

EL COMPORTAMIENTO DEL EMPRENDEDOR

Los emprendedores tienen un comportamiento diferenciado que puede ser analizado tomando en consideración algunos factores como: necesidades, conocimientos, habilidades, valores y actitudes, contexto social e historia familiar.

LAS NECESIDADES

Las necesidades surgen para resolver los problemas y las frustraciones del individuo. Cuando necesitamos alguna cosa, significa que estamos insatisfechos con nuestra situación actual. El emprendedor tiene necesidades específicas que busca satisfacer, comportándose como tal. Podemos describir algunas de ellas:

- Necesidad de aprobación y reconocimiento: el individuo siente necesidad de ser respetado y tener sus méritos reconocidos en su comunidad. Entonces este ve en la empresa la oportunidad de obtener ese respeto y reconocimiento de la sociedad;
- Necesidad de independencia: se refiere a la independencia que el individuo necesita para organizar su trabajo, su vida y su tiempo. Así, la implantación de su empresa le ofrece la oportunidad de controlar mejor su tiempo y valorar más sus iniciativas y creatividad;

- Necesidad de auto-desarrollo: el individuo que busca siempre la mejora de sus habilidades y conocimientos puede ver, en la apertura de una empresa, una fase de aprendizaje constante. Este individuo ve los desafíos y problemas como una oportunidad de aprender más.
- Necesidad de auto-realización: la reflexión sobre sus conquistas y realizaciones hacen que el individuo esté más seguro de sí mismo y aumente sus habilidades. Este traza metas y cuando alcanza su objetivo se siente realizado y contento con su victoria.

LOS CONOCIMIENTOS

El Conocimiento no es sólo la información sobre lo que una cosa es o como esta es hecha o cómo funciona. Es una comprensión mucho más amplia que incluye todas las técnicas e informaciones que el emprendedor debe dominar, siendo fundamentales para el buen desempeño de su negocio.

El conocimiento lo adquiere por medio del estudio individual, de cursos y de conversaciones con personas del ramo y principalmente a través de contactos con redes sociales de empresarios.

De entre los conocimientos necesarios para la creación de un negocio cabe destacar:

- Conocimiento del producto y de su proceso de producción.

- Conocimiento del tipo de servicio y el modo de prestar ese servicio al cliente.
- Conocimiento de los aspectos administrativos y organizacionales del emprendimiento.

Además de eso, es necesario que el emprendedor tenga conocimientos suficientes para entender e interpretar la realidad, y también para lidiar de modo adecuado con las personas, sus clientes internos y externos, es decir, sus proveedores y operarios.

Un diferencial importante para el emprendedor es la experiencia, cuanta más experiencia en el ramo tenga, mejor serán sus oportunidades de progresar en el negocio.

De cualquier forma es de fundamental importancia para el emprendedor conocer el negocio que está creando, verificando si merece la pena comenzarlo o no.

Después de comenzar es necesario que se dedique a buscar a perfeccionar la actividad que realiza.

LAS HABILIDADES

Las habilidades son fundamentales para el buen desempeño del emprendedor. Sin embargo, las habilidades, diferentemente del conocimiento, son adquiridas a través de la experiencia. Podemos citar algunas de ellas:

- Búsqueda de oportunidades: donde los otros ven amenazas y problemas, el emprendedor ve una oportunidad. Por ejemplo, si en algún local el gran problema es el calor, entonces eso es una oportunidad de vender ventiladores, protectores solares, heladeras y ropa de verano, por ejemplo.

- Comunicación persuasiva: otra habilidad importante del emprendedor es la persuasión, es decir, este consigue convencer a las personas a seguir sus objetivos. Para eso, siempre es cordial y simpático con sus compañeros y sabe comunicar muy bien sus ideas y planes.

- Facilidad de negociar: la negociación se lleva a cabo cuando el emprendedor se coloca en el lugar del otro y utiliza todos los recursos para mostrar al otro negociador las ventajas de su propuesta.

- Búsqueda de informaciones: es de fundamental importancia que el emprendedor obtenga informaciones actualizadas relacionadas a su negocio, sin embargo los mejores sitios para buscar estas informaciones y la confiabilidad de las mismas sólo se garantiza con la experiencia del emprendedor.

- Resolución de problemas: el emprendedor debe tener la habilidad de lidiar con los problemas que surgen en la implantación y en la vida cotidiana de su empresa. Saber tomar las decisiones correctas en los momentos correctos, principalmente en los momentos de adversidad es un factor determinante en el éxito de su negocio y depende del conocimiento y, en gran medida, de las experiencias y del emprendedor.

- Uso de la intuición: el emprendedor de manera general no nace con la intuición para percibir oportunidades de negocios y las lagunas de mercado que pueden ser llenadas, o el momento de lanzar un nuevo producto o servicio. Esa intuición se da por la experiencia que este mismo tiene debido a su actuación en el ramo del negocio escogido y se va mejorando a medida que el emprendedor se dedica a su negocio.

- Relaciones personales: la habilidad del emprendedor para estar próximo a su equipo, pero a la vez hacer sentir su autoridad cuando es necesario, reduce la posibilidad de conflictos en la empresa. Generalmente este emprendedor es considerado un buen líder por sus subordinados, ya que sabe motivar y dar valor al trabajo bien hecho. La experiencia muestra al emprendedor que para vencer este necesita tener un bueno relación con su equipo y tener seguidores.

- Sentido innovador: los emprendedores de modo general son innovadores y creativos en sus áreas y en los pequeños detalles del día-a-día. Pero debemos acordar que creatividad no es una cuestión de suerte o de tentativa y error, pero un ejercicio que envuelve el conocimiento y la experiencia del emprendedor.

Se puede decir que las habilidades forman un conjunto de aptitudes y capas que el emprendedor puede adquirir o desarrollar durante su formación profesional, para lograr el éxito en el emprendimiento, siendo, por lo tanto un proceso continuo.

VALORES Y ACTITUDES

Los valores y las actitudes de los emprendedores son características adquiridas a lo largo de su vida, que influencian su comportamiento delante de una situación, determinando la forma como conducen los negocios y sirven de orientación para su trabajo.

Los valores pueden ser clasificados en cinco tipos:

- Valores existenciales: están relacionados a la comprensión que cada uno tiene sobre su vida y todo los que envuelve su existencia como individuo.
- Valores estéticos: dice respeto a las interpretaciones que las personas hacen del mundo por medio de sus cinco sentidos orgánicos.
- Valores intelectuales: se refiere a los aspectos de la habilidad en adquirir conocimientos, resolver problemas y hacer previsiones de situaciones futuras.
- Valores morales: se refieren a las doctrinas, principios, normas y patrones orientadores de las actitudes del individuo delante de sí mismo y en la sociedad.
- Valores religiosos: son aquellos adquiridos dentro de una determinada religión, estando relacionados a la espiritualidad.

EL ENTORNO

A pesar de que el emprendedor tenga muchas características personales que le diferencian del restante de las personas, este depende mucho del medio donde vive para poder desarrollarse.

Muchas veces el entorno en el que este pasa la mayor parte de su vida no le entusiasma para realizar sus planes.

Existen cuatro factores principales que, si estuvieran presentes, hacen que el entornes decir más adecuado para la formación de emprendedores. Son estos:

- Estructura política, económica y social: es la capacidad que tiene los gobiernos y las comunidades para conseguir incentivar a nuevos emprendimientos.
- Tecnología: es la existencia de tecnologías adecuadas a la creación de nuevas empresas.
- Desempleo: es un factor estimulante que llevan algunos a abrir su propio negocio.
- Migración: algunas veces las personas que salen de sus países y se encuentran en comunidades totalmente diferentes de aquellas de donde vinieron acostumbran a abrir su negocio para intentar un medio de vida diferenciado de aquel que tendría en su propio país.

No se puede dejar de recordar que, además de las características de habilidades y cualificaciones ya descritas, principios básicos de administración como la planificación, la organización, la formación de equipo y el control, son esenciales para el éxito de la organización.

COMO EMPRENDER

El emprendedor debe estar atento a las situaciones del entorno (mercado, cliente y tecnología) y una de las reglas más importantes es analizar las hipótesis antes del lanzamiento de cualquier producto, buscando algunos clientes potenciales y haciéndoles preguntas que puedan prevenir y diagnosticar el interés de los consumidores, tales como: ¿Qué le gusta del producto? ¿Usted lo compraría? ¿El precio está accesible? ¿Dónde podrá estar disponible para su consumo?

Los emprendedores de éxito no invierten mucho tiempo en recursos idealizando las planificaciones de sus emprendimientos, ya que las oportunidades, así como son detectadas, pueden desaparecer con la misma rapidez con las que surgieron.

Paralelamente, los emprendedores deben reservar, semanalmente, contactos y diálogos con sus clientes, así como conocer a su principal competidor, sus productos, precios, forma de distribución, sistema de marketing y compararlos con los de los demás competidores.

Abrir una empresa sin conocer el sector es más aventura que emprendimiento. En este contexto, se define como sector: el conocimiento de factores del entorno donde las empresas están estructuradas, como son procesados los negocios, cuáles son los factores de fracaso y de éxito, como reaccionar delante de la creación de nuevas empresas en el mercado, las oscilaciones financieras, el lucro, exportación, tecnología aplicada y desarrollada, tendencias mercadológicas y tecnológicas, proveedores de suministros esenciales, necesidades de recursos humanos, entre otros.

Se debe estar actualizado de lo que sucede en el mundo y en la economía mundial, las amenazas y oportunidades que se presentan y el funcionamiento del mercado competidor.

La oportunidad de negocios es una idea que está vinculada a un producto o servicio que agrega valor a su consumidor, ya sea a través de la innovación o de la diferenciación. Esta tiene algo nuevo y atiende a una demanda de clientes, representando un nicho de mercado, es decir, las oportunidades de mercado identificadas en determinadas áreas, las segmentaciones de mercado. Esta es atractiva, tiene potencial para generar beneficios y surge en el momento adecuado en relación a quien la aprovechará.

Su identificación representa un desafío: puede estar camuflada en datos contradictorios, señales inconscientes, lagunas de la información, retrasos y avances, barullo y caos del mercado, es decir, mientras más imperfecto el mercado, más abundante son las oportunidades.

Existen varias formas para que el emprendedor genere ideas probables de hacerse oportunidades, pero no basta ver la oportunidad, es necesario buscarla, identificarla y agarrarla en el momento correcto, una vez que se desarrolle, es necesario tener el conocimiento y la capacidad de gestionar los recursos financieros, tecnológicos y humanos.

CUADRO COMPARATIVO DE CARACTERÍSTICAS

EMPLEADO	EMPRENDEDOR
Dependientes en el sentido de que uno tiene que ser productivo para trabajar.	Tener un modelo, una persona influyente.
El descuido de otro conocimiento que no está orientado a la tecnología del producto o de su especialidad.	Tener iniciativa, la autonomía, la autoestima, el optimismo, la necesidad de beneficio.
Domina sólo una parte del proceso.	Funciona solo. El proceso de visión es individual.
No es autosuficiente: se requiere una supervisión y espera a que alguien para le dé la forma.	Tener perseverancia y tenacidad para superar los obstáculos.
No busca conocer el negocio en su conjunto: la cadena de producción, la dinámica del mercado, la evolución de la industria.	Considera el fracaso como cualquier otro resultado, porque aprende de sus errores.
No se preocupa por lo que no	Es capaz de dedicarse a trabajar

existe o no hace: trata de entender, especializarse y mejorar sólo en lo que existe.	intensamente enfocando sus esfuerzos para lograr resultados.
No se molesta en transformar las necesidades del cliente en productos / servicios.	Conoce como establecer metas y alcanzarlas; luchar contra las normas impuestas; difiere.
No se da cuenta de la importancia de la actividad de comercialización.	Tiene la capacidad de encontrar nichos.
No lee el ambiente externo: amenazas, oportunidades.	Tiene una gran intuición: como en el deporte, lo que importa no es lo que sabe sino lo que haces.
Es proactivo.	Usted siempre tiene un alto compromiso; cree en lo que hace.
Rara vez es agente de innovaciones: no es creativo, no genera cambios y no cambia a sí mismo.	Crea oportunidades para obtener retroalimentación sobre su comportamiento y sabe cómo utilizar esa información para su mejorar.
Más fallas de aprendizaje.	Intenta buscar, utilizar y controlar los recursos.
No se molestan en formar su red de relaciones, proporciona comunicaciones de bajo nivel.	Es un soñador realista y racional.
Tiene miedo a cometer errores (que es castigado en nuestro sistema educativo y en nuestra sociedad) y no lo toma como	Está orientado a los resultados, para el futuro, para el largo plazo.

una fuente de aprendizaje.

-	Explora las redes de relaciones (Contactos y Amigos) moderado, pero lo utiliza intensamente como apoyo para lograr sus objetivos; considera la red de relaciones internas (con los miembros, empleados) más importantes que el exterior.
-	Conoce muy bien el sector en el que opera.
-	Cultiva la imaginación y aprende a definir puntos de vista.

Fuente: DOLABELA (1999)

IMPLANTACIÓN DE UNA EMPRESA Y EJEMPLO DE UNA EMPRESA.

Abrir una tienda de repuestos de informática demanda mucho más que el simple hecho de tener el capital suficiente. El emprendedor que pretende trabajar en este negocio deberá tener en mente aspectos como el mercado consumidor, estructura de la tienda, administración del emprendimiento, capacidad de adaptarse a las exigencias del mercado, control riguroso de la calidad de los equipamientos y de la atención al cliente, además de un estudio sobre cuál es el mejor local para instalar la tienda. Es importante que el emprendedor y los vendedores tengan un conocimiento profundo sobre los equipamientos de informática y una percepción aguda sobre las novedades del mercado.

Es interesante que el emprendedor tenga una amplia línea de productos, para atender a las demandas de los clientes. Podemos destacar entre otros productos: DVDs y CDs, cartuchos de impresoras, papel para fax, memorias USB, capas protectoras, estabilizadores de voltaje para microcomputadores, switchs, hubs, routers, cables para impresoras, mouse, kit de herramientas, soporte para mouse, kit de limpieza, además de microcomputadores, portátiles, tablets e impresoras.

Estas tiendas suelen estar divididas en áreas: de equipamientos más caros, como ordenadores e impresoras; juegos y programas; y repuestos, como papel para fax y cartuchos para impresoras. El emprendedor debe estructurar la tienda, de forma que proporcione un espacio atractivo y moderno, identificando las áreas en colores y placas informativas.

El emprendedor también pueden usar las vitrinas para promocionar los productos que quiera destacar para la venta. Un montaje que envuelva los equipamientos más atractivos y una decoración elegante es la mejor forma de atraer la atención de las personas. Los equipamientos deben tener, además de un soporte que los valore, complementos que ayuden a crear un clima sofisticado, aunque simple.

Otro aspecto que tiene que observar es el lay-out (o apariencia física) de la tienda, que es la manera como los hombres, máquinas y equipamientos están dispuestos en un determinado local. El lay-out debe proporcionar la mejor utilización del espacio disponible.

Las máquinas y equipamientos básicos para el montaje de una tienda de repuestos de informática son: ordenador completo para bases de datos, plantillas e informes; armario de acero; soportes y estanterías; vitrinas; impresora; mesas y sillas; vitrinas y zonas de exposición.

Los elementos de arriba sirven sólo como ejemplos, siendo esta lista un pequeño ejemplo de productos para montar una tienda de repuestos de informática.

EL MERCADO Y LAS ESTRATEGIAS EMPRENDEDORAS

COMPONENTES DEL MERCADO EMPRENDEDOR

Para conocer los componentes del mercado en los que operará, el emprendedor, que insiste en una información de calidad para tomar sus decisiones, necesita realizar investigaciones. Sean informaciones obtenidas mediante revistas, periódicos e internet, sean investigaciones obtenidas a través de entrevistas, es fundamental que las decisiones se tomen en base a minimizar los riesgos durante la inserción de la empresa en el mercado.

EL CONSUMIDOR

Es fundamental para lograr el éxito de un negocio que el emprendedor conozca a sus clientes. La mejor manera de conocerlos es investigando, sea a través de empresas especializadas o mediante sus propios recursos. Para ello necesitamos contestar a algunas preguntas:

- ¿Cuántas personas estarían interesadas en comprar el producto?
- ¿Cuál es la demanda, en cantidad, del producto?
- ¿Cuál es el perfil de los consumidores (datos sobre edad, renta, escolaridad, etc.)?
- ¿Cuáles son los hábitos de compraventa de los consumidores?
- ¿Cómo es el producto que debe llegar hasta ellos?
- ¿Cómo son los clientes que desean el producto (aspectos, beneficios, valor agregado)?
- ¿Qué precio estarían dispuestos a pagar los clientes por el producto?

EL PROVEEDOR

Para iniciar un negocio, también es importante conocer quién nos suministrará los suministros necesarios para la operativa de la empresa.

Para eso, es necesario que realicemos una investigación entre los distintos proveedores realizándonos preguntas como las siguientes:

¿Cuáles son los proveedores?

¿Qué nos ofrecen estos?

¿Cuáles son las condiciones de suministro como localización, precio, plazo de entrega, condiciones de pago?

¿Qué proveedores usan nuestros competidores?

¿Cuáles son los puntos fuertes y débiles de cada uno?

EL COMPETIDOR

Conocer a la competencia también es vital para que la empresa sobreviva y se mantenga en el mercado. Además de esto, ¿Cómo vamos a superar a la competencia sin conocerla? Deberemos contestar a las siguientes preguntas sobre la competencia:

- ¿Cuáles son los mayores competidores?
- ¿Qué productos y servicios ofrecen?
- ¿Cuáles son sus puntos fuertes y débiles?
- ¿Qué tipo de producto podría competir con su negocio?
- ¿Esos productos atienden a toda la demanda?
- ¿Cuál es el grado de satisfacción de los clientes?
- ¿Cuál es el grado de fidelidad de los clientes a las empresas ya establecidas?
- ¿Cuál es la reacción de los competidores a la entrada de más una empresa en el mercado de ellos?

FUNDAMENTOS DE MARKETING

PRODUCTO

Los productos tienen atributos que los diferencian unos de los otros. Son características que pueden hacerlos únicos, como la marca, logotipo, embalaje, color, diseño y calidad.

SERVICIO

Lo que los consumidores buscan:

- Algo tangible
- Confiabilidad
- Responsabilidad
- Garantía
- Empatía
- Testimonio

FIJANDO UN PRECIO

A continuación veremos algunos factores que deberán ser considerados para determinar el precio de un producto:

- Costes Iniciales: el emprendedor necesita tener el conocimiento exacto de sus costes, para saber si la empresa está condiciones de mantenerse en el mercado o no. Considerando los costes fijos y costes variables de la empresa, se debe calcular su punto de equilibrio. Ese punto de equilibrio indica el precio mínimo para la comercialización de los productos para evitar pérdidas.
- El Consumidor: La percepción del valor del producto por parte del consumidor es fundamental para calcular el precio. Esa percepción de valor sólo puede ser conocida de verdad a través de la investigación junto al consumidor.
- La Competencia: Ciertamente que los precios usados por la competencia deberán ser considerados para establecer los precios de los productos. Es fundamental hacer una investigación de mercado.

Algunos factores que influencian bastante en el precio para el consumidor:

- Novedad del producto/servicio
- Complejidad
- Calidad percibida

Políticas De Precio:

La determinación del precio afecta a la posición de la empresa y su participación en el mercado. La estrategia de precios que adopta la empresa para un producto interfiere también en la imagen de ese producto en el mercado y define que segmento lo consumirá. Por lo tanto, es fundamental que la empresa defina sus objetivos claramente, para posicionarse por delante de la competencia.

Establecer el precio de venta del producto también es el primer paso para proyectar la Imagen de la empresa.

POSICIONAMIENTO

Consiste en direccionar el producto o servicio para atender a las expectativas y necesidades del cliente-objetivo escogido por la empresa. Es a partir de eso como esta va a establecer una IMAGEN del producto para sus clientes.

COMPUESTO DE MARKETING. LAS 4 P´S DE MARKETING

El compuesto de marketing es un conjunto de estrategias adoptadas por cada empresa para alcanzar sus objetivos. La proyección de ventas de la empresa está directamente conectada a la estrategia de marketing establecida, ya que depende de cómo el producto o servicio será posicionado en el mercado, cuál será su política de precios, las promociones y los canales de venta que serán utilizados y como el producto llegará al cliente.

Producto:

- Promover cambios en la combinación/portfolio de productos
- Retirar, añadir o modificar los productos/servicios
- Cambiar el diseño, embalaje, calidad, rendimiento, características técnicas, tamaño, estilo, opcionales
- Consolidar, estandarizar o diversificar.

Precio:

- Definir precios, plazos y formas de pago para productos o grupos de productos específicos, para determinados segmentos de mercado.
- Definir políticas de actuación en mercados selectivos
- Definir políticas de penetración en determinado mercado
- Definir políticas de descuentos especiales
- Ubicaciones (distribución):
- Usar canales alternativos
- Mejorar plazo de entrega
- Optimizar distribución

Propaganda / comunicación:

- Definir nuevas formas de ventas
- Cambiar equipo y canales de ventas
- Cambiar política de relaciones públicas
- Cambiar agencia de publicidad y definir medios prioritarios
- Definir ferias/exposiciones que serán priorizadas.

EXPECTATIVAS DE VENTAS

La previsión de ventas representa la cantidad de productos/servicios que la empresa pretende vender o colocar en el mercado durante un determinado periodo de tiempo.

Para vender un producto, la empresa necesita prever sus ventas. Saber cuál será la CANTIDAD semanal, mensual o anual de productos que deberán producir y COMO estos serán vendidos es la base para planear su producción y comercialización.

La expectativa (o previsión, o estimación) de ventas se calcula para un determinado periodo de tiempo, normalmente un mes o un año. Se puede realizar en unidades o valores económicos.

Para un mejor control de las ventas, la previsión deberá estar detallada por territorio o por vendedor. Siendo multiplicada por el precio de los productos, es posible calcular la Cantidad de Ventas.

Pero, ¿Cómo es posible calcular la previsión de ventas? A través de informaciones de ventas anteriores o a través de la investigación de otras empresas equivalentes / competidores y por las tendencias analizadas en el mercado.

El proceso de Venta debe envolver, además de la identificación del cliente, estudios sobre la Investigación de mercados, Propaganda, Promoción de Ventas y Canales de Distribución, Merchandising y Post-venta.

Es fundamental prepararse para un posible aumento de la demanda. Muchas empresas fallan en ese proceso: hacen mucha publicidad y propaganda y promociones sin estar estructuradas para el aumento en las ventas.

LOCALIZACIÓN DEL EMPRENDIMIENTO

La localización escogida para instalación de la empresa es capaz incluso de diferenciar los servicios prestados por esta en relación a sus competidores. La infraestructura disponible en esa localización también tiene un papel importante en la elección del local del emprendimiento.

Para analizar la localización del emprendimiento es aconsejable evaluar algunos puntos, como:

- El valor del alquiler

- Si el área es adecuada para las necesidades de ocupación de la empresa
- Si el local escogido queda tiene tráfico de peatones.
- Si existe aparcamiento para clientes
- Disponibilidad de instalaciones telefónicas y de internet
- Calidad de las instalaciones eléctricas e hidráulicas
- Si el tipo de negocio puede funcionar en esa zona de la ciudad
- La facilidad de acceso al local para operarios, proveedores y para llevar a cabo la producción

IMPORTANCIA DEL EMPRENDIMIENTO

El emprendimiento debe ser estudiado para facilitar y explicar el papel de la nueva empresa en el desarrollo económico de una región dada.

El emprendimiento también es importante, ya que su comprensión:

- Posibilita la creación de empleos, inclusive el auto-empleo.
- Posibilita el crecimiento económico de forma organizada.
- Posibilita la innovación, principalmente por las jóvenes empresas.
- Ayuda en la mejoría de la competitividad.
- Aprovecha mejor el potencial de los individuos.

- Permite entender y explorar de forma más efectiva los intereses de la sociedad.
- Permite el desarrollo de carrera de una parte significativa de la fuerza de trabajo.

FACTORES DE ÉXITO

La postura empresarial de quien está al frente del negocio marca la diferencia en el éxito del emprendimiento.

La actitud es el diferencial que hace que empresas en las mismas condiciones de mercado progresen mientras otras cierran sus puertas.

Imagine cómo hacer que funcione su negocio, así usted consigue pensar en las soluciones para los eventuales problemas y, decirse la frase "que puedo hacer yo", aumenta la motivación y la posibilidad de éxito.

La organización es otro factor esencial para el éxito de un emprendimiento, siendo fundamental para el desarrollo de cualquier acción que vayamos a realizar.

De una manera general, los principales factores de éxito para los emprendedores son:

- Imaginar cómo hacer que el negocio funcione.

- Creer que lo puede hacer.
- Ser creativo en sus acciones.
- Estar insatisfecho con su situación actual e intentar mejorar esta situación.
- Asumir sólo los riesgos necesarios.
- Ser rápido para percibir cuando falla y corregir los errores.
- No desperdiciar las oportunidades.
- Aprovechar el potencial del equipo de colaboradores.
- Tener orgullo de sus acciones/hechos y buscar nuevos desafíos.

En un país con índices de desempleo alarmante y creciente, la inversión y la consolidación del emprendimiento en España parece una excelente alternativa a la falta de empleo y oportunidades. Sin embargo es importante diferenciar el emprendedor verdadro de un "superviviente". Existen diversos conceptos y herramientas importantes que deben ser dominadas por quienquiera ser un emprendedor de éxito.

PLAN DE NEGOCIOS

El plan de negocios es parte fundamental antes del inicio de una empresa, para que el emprendedor pueda planear y definir las estrategias para su negocio. Es un documento que describe un emprendimiento y permite a su creador conocer y definir el modelo de negocios que va a sostener a su empresa, permitiendo que se sitúe en el entorno donde su organización va a introducirse.

Definir el público-objetivo del plan de negocios, es decir, a quién se destina este principalmente, podemos citar a la propia empresa, proveedores, inversores, bancos, compañeros, subvencionadores de incubadoras, clientes y socios.

Para montar un buen plan de negocios el emprendedor debe estructurarlo de la manera más completa posible, definiendo:

- Descripción de la Empresa
- Productos y Servicios
- Análisis del Mercado y de la Competencia
- Plan de Marketing
- Análisis Estratégico
- Planificación Financiera.

OPORTUNIDADES

Para identificar las nuevas Oportunidades en el mercado el emprendedor debe:

- Identificar las necesidades del mercado;
- Tener una idea y verificar si esta es creativa realmente;
- Observar las deficiencias del mercado;
- Observar las tendencias del mercado;
- Explorar hobbies;
- Explorar la moda;
- Diversificar o expandir un negocio.

Hay una gran diferencia entre idea y oportunidad. No saber distinguir entre una idea y una oportunidad es una de las grandes causas de fracaso.

Es muy común confundir idea con oportunidad. Ciertamente que primero viene la idea, pero para identificar si esta puede ser llamada oportunidad es necesario que el emprendedor haga un cuidadoso estudio de viabilidad, principalmente a través de un detallado Plan de Negocios.

Como para que surja la oportunidad primero tenemos que tener la idea, podemos ver algunas interesantes Fuentes de ideas:

- Negocios ya existentes
- Franquicias y patentes
- Licencia de productos

- Ferias y exposiciones
- Empleos anteriores
- Contactos profesionales
- Consultoría
- Investigación universitaria
- Observación en las calles
- Ideas que ya tuvieron éxito en otros lugares
- Experiencia como consumidor
- Cambios demográficos y sociales
- Crisis económicas
- Habilidades personales
- Mejorar algo que ya existe
- Transformar un problema en una oportunidad.

PROS Y CONTRAS DE NEGOCIOS

Los peligros más comunes en los nuevos negocios son:

- No identificar adecuadamente cuál será el nuevo negocio
- No reconocer el tipo de cliente que va a ser atendido
- No saber escoger la forma de sociedad más adecuada
- No planear bien las necesidades financieras
- Fallar en la elección del local del negocio
- No saber administrar las operaciones del nuevo negocio
- No conocer sobre la producción de los bienes o servicios
- Desconocer el mercado y la competencia

- Tener poco dominio sobre el mercado proveedor
- No saber vender o promover sus productos/servicios
- No tratar bien al cliente.

En negocios nuevos, la mortalidad prematura de las empresas es bastante elevada. Las causas más comunes que producen fallos en los negocios son:

- Factores económicos: el 72% de las suspensiones de pagos se deben a la incompetencia del emprendedor, falta de experiencia en el ámbito de la gestión y de campo y experiencia desequilibrada.
- Inexperiencia: el 20% de las empresas fallan a causa de beneficios insuficientes, intereses elevados, pérdida de mercado, mercado consumidor restringido o ninguna viabilidad futura.
- Ventas insuficientes: el 11% de las empresas tienen una competitividad débil, sufren la recesión económica, dificultades de stock o localización inadecuada.
- Gastos excesivos: el 8% de las empresas tienen deudas y demasiadas cargas o gastos operacionales elevados.
- Otras causas: el 3% de las suspensiones de pagos suceden por negligencia, capital o activos insuficientes, clientes insatisfechos o fraudes.

FINANCIACIÓN

Existen varias formas de financiación para que el emprendedor pueda y deba recurrir cuando desea iniciar su negocio o planea expandir su empresa. Generalmente por falta de información, muchos recurren solamente a los bancos, desconociendo que existen otras opciones muy interesantes.

Las financiaciones están divididas en deuda o equidad, existiendo la posibilidad de combinarse ambos tipos en un mismo negocio. La deuda es cuando el capital prestado tiene una garantía basada en alguna propiedad del emprendedor. Equidad es cuando el financiador inyecta dinero u otros activos en el negocio en pago de una participación en los beneficios de la empresa.

Las principales fuentes de financiación existentes son:

- Economía personal, familiar o de amigos
- Ángel inversor
- Proveedores y Compañeros
- Clientes y Operarios
- Capital de Riesgo
- Programas del Gobierno

Además de agentes de financiación, el emprendedor también tiene la posibilidad de recurrir a asesorías para ayudarle a iniciar su negocio, aumentando aún más las posibilidades de éxito. Podemos citar como asesorías a las empresas de incubadoras, algunas universidades y centros de investigación, asesorías jurídicas y contables, e incluso el modelo de negocios conocido como franchising.

INSTRUCCIONES PARA LA ELABORACIÓN DEL PLAN DE NEGOCIO

Este es un plan de negocio simplificado con el objetivo exclusivo de permitir la evaluación de proyectos para la incubación. Busque ser objetivo y coherente en el rellenado de los cuadros del formulario, ya que algunos están relacionados entre ellos. Después de la aprobación y admisión la empresa deberá preparar un plan de negocio más elaborado y detallado.

La planificación financiera debe ser proyectada previniendo el funcionamiento de la empresa después de la comercialización de los productos y servicios propuestos.

Los costes apropiados en el periodo del desarrollo de los productos y/o servicios propuestos deberán ser considerados como inversión propia o reinversión, cubriendo los gastos con prestación de servicios y/o comercialización de productos que propondremos en el proyecto a ser desarrollado.

INFORMACIONES SOBRE EL RESPONSABLE POR LA PROPUESTA.

Se destina al suministro de datos personales del proponente y de sus atribuciones en el proyecto propuesto.

NATURALEZA / DESCRIPCIÓN DEL EMPRENDIMIENTO.

Se destina al suministro de datos de la empresa responsable por el desarrollo del proyecto. Si la empresa ya existe formalmente, rellene los campos solicitados. Si no hay empresa constituida, informar sólo de la forma jurídica de la futura empresa y poner en el campo "Razón Social" "Empresa a ser constituida".

NOMBRE DE LOS SOCIOS Y LA RESPECTIVA PARTICIPACIÓN EN LA EMPRESA

Busca identificar la composición societaria de la empresa, cuando existente, cual es la participación (en porcentaje, %) de cada socio en el capital social.

ÁREAS DE CUALIFICACIÓN TECNOLÓGICA

En este elemento se desea identificar las áreas de conocimiento técnico que son dominadas por el proponente y otras personas envueltas con el proyecto.

RESPONSABLES DE LA GESTIÓN DEL EMPRENDIMIENTO

Se destina a la explicitación de las personas que serán responsables de las diversas funciones de la empresa existente o a ser creada. En el caso en que, para determinadas áreas, el responsable no esté identificado, informar en el campo apropiado con la expresión "a identificar". Observe que no es obligatorio que los responsables de las diversas áreas, tengan participación en el capital de la empresa existente o a ser constituida.

PLAN ESTRATÉGICO

MISIÓN Y OBJETIVOS ESTRATÉGICOS.

Se destina a la definición de la misión, la razón de ser de la empresa, existente o a ser constituida.

Los objetivos estratégicos representan un conjunto de objetivos a medio y largo plazo que deben ser perseguidos y estar en sintonía con la misión definida.

AMENAZAS Y OPORTUNIDADES.

El proponente debe indicar en ese campo los factores externos a la empresa (existente o a ser constituida) que puedan afectar positivamente (oportunidad) o negativamente (amenazas) el desempeño de la empresa.

PUNTOS FUERTES

Se destina a la identificación de factores internos al emprendimiento que representan ventajas comparativas de la empresa

PUNTOS DÉBILES

Se destina la identificación de factores internos al emprendimiento que representan una desventaja o carencias de la empresa.

PRODUCTOS Y SERVICIOS

DESCRIPCIÓN DEL PRODUCTO/SERVICIO.

En este campo deben ser adecuadamente detallados los productos y/o servicios que resultarán del proyecto propuesto. Observe que es importante que cada uno de los productos y/o servicios, resultante del proyecto propuesto, sean identificados y descritos con toda claridad, destacando sus definiciones de utilidad y funcionalidad.

ENFOQUE DEL NEGOCIO.

Este campo está destinado a la explicitación de los mercados que van a ser explorados por la empresa existente o a ser constituida, añadiendo informaciones relativas a los principales clientes potenciales y al nivel de competencia existente en los mercados mencionados.

Es deseable que, cuandes decir posible, el tamaño de los mercados sea cuantificado, aunque de forma aproximada y, los principales competidores sean identificados.

DIFERENCIALES DE LOS PRODUCTOS/SERVICIOS

Se destina a las informaciones referentes a las características de los productos y/o servicios que serán comercializados y que confieren ventajas comparativas en relación a aquellos existentes en el mercado.

ESTADO ACTUAL DE DESARROLLO DE LOS PRODUCTOS Y/O SERVICIOS

El cuadro presentado debe ser elaborado para cada producto y/o servicios que resulte del proyecto propuesto, mencionando su estado actual y su evolución en los periodos de desarrollo.

ESTRATEGIA DE VENTA Y ASISTENCIA TÉCNICA

En este campo se debe mencionar la estrategia de ventas que será adoptada por la empresa (existente o a ser creada), destacando las formas de comercialización (Ejemplo: vendedores propios, telemarketing, ventas al por menor o al por mayor, e-commerce, etc.), y las formas de asistencia post venta.

PLAN DE INVERSIONES

INVERSIÓN INICIAL

En este cuadro deben ser mencionadas las inversiones que se realizarán en los primeros doce meses que sucedan a la incubación del proyecto. Así, como gastos de estudios de mercado, protección intelectual (registro de marcas y patentes o derechos de autor), honorarios de abogados, contables, distribuidores, etc., y otros desembolsos necesarios para la constitución de la empresa, que deben ser considerados aquí. Los dispendios efectuados en la adquisición de maquinaria, equipamientos, software, móviles y utensilios, también deben ser indicados en este cuadro, en los campos correspondientes. Los desembolsos necesarios para hacer frente a los costes que se apalancan durante las operaciones de la empresa, son inversiones circulantes que deben ser clasificados como de capital circulante giro.

INGRESOS OPERACIONALES

Se destina la previsión de ingresos recurrentes de la comercialización de los productos/servicios generados con la implementación del proyecto propuesto, es decir, después de su incubación. Los ingresos relativos al primer año deben ser estimadas para cada uno de sus cuatro trimestres y, las del segundo y tercer años, sólo en términos anuales.

COSTES FIJOS ANUALES

Este cuadro se destina a la identificación de los costes fijos previstos para los doce meses subsecuentes a la incubación del proyecto.

Se debe tener en cuenta los valores procedentes de los salarios e impuestos y seguros sociales del personal contratado, pre-estudios de los socios, tasa de incubación (para ser informada al proponente por la incubadora), pago de los diversas gastos operacionales (teléfono, alquiler de equipamientos etc..), adquisición de materiales de consumo, mantenimiento y conservación de máquinas y equipamientos, pólizas de seguro y depreciación de máquinas, equipamientos, instalaciones, vehículos y otras inversiones en bienes durables.

COSTES VARIABLES

Se destina al registro de los costes que se producen debido al volumen de producción (productos y/o servicios) y ventas tales como aquellos relativos a la adquisición de materias primas y otros suministros de producción, materiales de embalaje, transporte, así como, de otros gastos que estén directamente relacionados al volumen de producción y/o ventas.

DEMOSTRACIÓN DE RESULTADOS

En el cuadro presentado deben ser explicitados los valores relativos a los resultados operacionales previstos para los doce meses que sigan a la incubación del proyecto, es decir:

- Ingresos brutos totales del primer año
- Costes fijos anuales
- Costes variables anuales

También se deben mencionar los resultados no operacionales que puedan ser previstos tales como los rendimientos de las operaciones financieras, venta de activos y otros ingresos no directamente ligados a las operaciones de la empresa existente o a ser creada.

PROYECCIÓN DEL FLUJO DE CAJA

Este cuadro tiene por objetivo suministrar informaciones relativas al flujo de caja estimado en los doce primeros meses subsecuentes al mes de incubación del proyecto. El proponente debe, por lo tanto, indicar la estimación, de cada mes, de los valores de los ingresos y gastos operacionales y de las inversiones que se realizarán durante ese periodo.

EL COMPORTAMIENTO DEL EMPRENDEDOR

EJERCICIO. ESCRIBA MEDIA DOCENA DE COSAS BUENAS DE SU VIDA

Conocerse bien y valorar todas las conquistas que se obtiene en la vida es una postura deseada para cualquier ser humano, especialmente para aquellos que tienen múltiples y grandes sueños que quieren realizar. Intente conocerse más así mismo:

- La proporción de mujeres entre los emprendedores españoles es una de las más altas entre los 29 países investigados.
- Es mayor, entre los emprendedores, el número de mujeres que abren pequeños negocios por necesidad de supervivencia familiar.
- Las mujeres de entre 18 a 34 años de edad presentan las mayores tasas de actividades emprendedoras.
- Es mayor el número de personas de entre 25 a 44 años que se embarcan en la actividad de crear negocios.
- La mayoría de emprendedores españoles se han formado por personas que tienen entre 5 a 11 años de formación escolar.

Las investigaciones y la literatura sobre el Emprendimiento apuntan varias razones para que las personas se dediquen a esta actividad. Entre las más indicadas, aparecen dos tipos:

- Negocios que se abren por necesidad de supervivencia.
- Negocios que se abren por haber surgido una buena oportunidad.

Ambas motivaciones están presentes entre los emprendedores españoles. Los negocios creados contribuyen para la generación de empleos y del dinamismo de la economía, así como posibilitan el desarrollo de habilidades empresariales. Toda la experiencia que obtenemos se queda reservada dentro de nosotros y, cuando menos esperamos, esta nos ayuda a tomar decisiones y a mejorar nuestro rendimiento. Ningún esfuerzo de aprender es un esfuerzo perdido.

El emprendedor de éxito es aquel que no se cansa de observar, buscando nuevas oportunidades, sea de camino a casa, en el autobús, en las "cañas" con los amigos, en los contactos familiares, de compras, leyendo periódicos o revistas, viendo televisión, etc...

La curiosidad es la gran compañera del emprendedor. Es su forma de conocer los secretos de los negocios. Sus oportunidades de éxito aumentan con el conocimiento y el éxito sólo viene para quien trabaja duro para obtenerlo.

Algunos nuevos emprendedores creen que deben mantener la idea de la empresa en secreto. Nada más engañoso, porque el secreto no permite la valiosa contribución de terceros.

Timmons (1994) aborda el tema, en lo que denomina "Los 7 secretos del éxito":

- No hay secretos. Solamente el trabajo duro dará resultados.
- Tan inmediatamente surge un secreto, todos lo conocen inmediatamente
- Nada es más importante que un flujo de caja positivo.
- Si usted enseña a una persona a trabajar para otras, usted la alimenta durante un año pero, si usted la estimula a ser emprendedor, usted la alimenta durante toda la vida.
- No deje que la caja quede en negativo.
- El Emprendimiento, antes de ser técnico o financiero, es, fundamentalmente, un proceso humano.
- La felicidad es un flujo de caja positivo.

Ningún emprendedor ya nace hecho. Así como uno bueno estudiante o atleta, lo emprendedor tiene que esforzarse para desarrollar su capacidad emprendedora.

Es difícil explicar cómo surgen las ideas. A veces, por reacción a una simple palabra: imposible. Es un hecho increíble la capacidad del ser humano en no creer. El más religioso de los animales terrestres es el menos creyente. Oponerse, inventar obstáculos instranpasables y fronteras que, en el fondo, tienen la misma importancia que un trazo de tiza en el suelo.

Hasta hace poco tiempo, un individuo que imaginara el más obsoleto de los hornos microondas, o hablara sobre las posibilidades del más retrógrado ordenador los que tenemos hoy en día, sería excomulgado y condenado a trabajos forzados. La mayor condena a la que estamos sujetos en el futuro será por omisión, ya que los medios para hacer muchas cosas lindas e imposibles existen.

El maestro sabe que la tarea de transformar el potencial mercadológico y los números en negocios es de entera responsabilidad del emprendedor. Un negocio no nace de la generación espontánea: es preciso un acto creador de alguien que es capaz de observar, analizar y formular un organismo que dé cuenta de generar bienes que puedan producir el sentimiento de satisfacción en las personas o en los grupos de personas que vengan a consumir estos bienes.

Un negocio es un organismo vivo, dinámico, con gran capacidad de adaptación, para ser saludable desde el punto de vista económico, financiero y social. Los números de una empresa son siempre la traducción de los comportamientos de las personas, especialmente, de aquellas que crearon y/o que están delante de usted.

El comportamiento emprendedor ha sido estudiado por investigadores de todo el mundo. Hoy, el emprendedor tiene a su disposición un conjunto de conocimientos que pueden facilitar su vida profesional y mejorar mucho su desempeño personal y empresarial.

CASO DE ESTUDIO

El caso de una Zapatería Paso a Paso:

- Será creada para ser parte de una cadena de tiendas, situadas en ciudades de tamaño medio del Estado X.
- Está orientada en el cliente de medio y pequeño poder adquisitivo, de preferencia por el sexo femenino y de cualquier edad.
- La localización del punto de venta: fuera del centro de la ciudad, en una calle lateral, sin otros establecimientos comerciales.
- Inicia con Capital propio.
- El proveedor: fábrica situada en otro estado.
- El Producto ofrecido al cliente: zapatos nuevos de tacón acabados en punta que tienen en stock en la fábrica.
- Los Vendedores: el dueño y sus dos hijos (cada uno de ellos trabaja 4 horas por día.)
- La Situación actual: hace promoción (rebajas) para la venta del stock.
- Promoción: propaganda boca la boca, sin preocupación con utilización de cualquier medio.

El Caso de Albergue Paso a Paso:

- Ha sido creada para ser una alternativa barata de alojamiento para estudiantes.

- Enfocado al cliente joven que vive de las rentas de la familia o de una pequeña renta del gobierno.
- La localización del albergue: fuera del centro de la ciudad, en una calle lateral, sin otros establecimientos comerciales próximos.
- Inicia con Capital propio, con un proyecto de pequeña inversión con una línea de financiación para proyectos para incrementar el turismo.
- El Servicio ofrecido: alojamiento con desayuno, almuerzo y comida, pensión completa.
- Los proveedores: tiendas de comestibles, casas de campo, tiendas situadas en la propia ciudad o vecinas.
- La promoción: folletos distribuidos en las escuelas de las ciudades próximas, publicidad por la radio de la región y propaganda boca a boca
- La Situación actual: en construcción de 2 apartamentos más con capacidad para 8 personas cada uno, manteniendo la política de precio bajo.

En base a los datos suministrados, vamos a analizar los comportamientos que deben ser desarrollados por esos emprendedores. Vamos a intentar identificar, en base a las Características del Comportamiento Emprendedor, lo que debe ser desarrollado y lo que debe ser mejorado para lograr el éxito del negocio y para mejorar la postura empresarial.

El comportamiento del emprendedor podrá estar presente en todas nuestras acciones, sean estas personales, familiares y profesionales.

Nuestras características personales siempre marcan el estilo con que realizamos las cosas en nuestra vida.

Cada uno de nosotros, descubrir cuáles de estas características son nuestros puntos fuertes y, después, utilizarlas en todo lo que hagamos. Es importante, también, reconocer y reflejar acerca de nuestros puntos débiles y desarrollar las características que no tenemos. Vamos a hacer una prueba.

¿USTED ES UN EMPRENDEDOR?

Responda "sí" o "no" a las siguientes preguntas:

- Usted se preocupa en mejorar cada vez más sus procesos de trabajo ( )SÍ ( )NO
- Usted está siempre pensando sobre de nuevas ideas de negocios, incluso cuando está dirigiéndose hacia el trabajo o cuando se está duchando ( )SÍ ( )NO
- Usted consigue visualizar etapas concretas de acción, cuando considera maneras para logra que suceda una nueva idea ( )SÍ ( )NO
- Usted es capaz de mantener sus ideas ocultas, venciendo su gana de contarlas a todos, hasta que las haya probado y desarrollado un plan para su implementación ( )SÍ ( )NO
- Usted ya avanzó, con éxito, en tiempos inciertos, cuando algo en lo que trabajaba parecía que no iba a dar el resultado correcto ( )SÍ ( )NO

- Usted tiene un número por encima de lo normal de admiradores y de críticos ( )SÍ ( )NO
- Usted tiene, en el trabajo, una red de amigos con los que puede contar para ayudarle ( )SÍ ( )NO
- Usted se aburre fácilmente con las tentativas incompetentes de los otros para ejecutar partes de sus ideas ( )SÍ ( )NO
- Usted es capaz de vencer una tendencia natural perfeccionista de hacer todo usted mismo y dividir con un equipo la responsabilidad de sus ideas ( )SÍ ( )NO
- Usted estaría dispuesto a abrir la mano de una parte del salario en pago de la oportunidad de probar su idea de negocio, si las recompensas por el éxito fueran la adecuadas ( )SÍ ( )NO

Si usted respondió sí más veces que no, es porque ya se está comportando como un emprendedor.

Si usted respondió no más veces del que sí, es porque aún necesita desarrollar mejor algunas características que le pueden ayudar a usted a hacerse un emprendedor de éxito.

UN POCO TEORÍA

La importancia de las características emprendedoras varía de acuerdo a las circunstancias y los problemas en los cuales el emprendedor está envuelto.

Uno de nuestros objetivos es dejar claro que cada una de estas características asume una importancia especial, y depende de las circunstancias y de los problemas con los cuales el emprendedor esté envuelto, en un determinado momento.

El emprendedor revela determinación, iniciativa, capacidad de identificación de las demandas del mercado, osadía, coraje, persistencia, eficiencia, exigencia y capacidad de realizar.

También buscamos llamar su atención por el hecho de que el comportamiento emprendedor está presente en todas nuestras acciones, ya sean personales, familiares, sociales o profesionales. Y, finalmente, de cuán es importante la postura personal del emprendedor para el desarrollo de su propio negocio.

ESTABLECIENDO SUS METAS

Piense en los 5 sueños que a usted le gustaría cumplir en su vida. Algunos de estos sueños pueden estar o ya están concretizados en un emprendimiento. Otros esperan el momento adecuado para transformar, quien sabe, un negocio en éxito. Siempre nos enseñaron que un buen negocio parte siempre de una buena idea. La práctica también confirma esto.

Ahora, piense en su emprendimiento, aquel que ya existe o que aún quiere construir.

Para ello intente responder a las siguientes cuestiones:

- ¿Cuál es la meta?
- ¿Por qué esta es importante?
- ¿Cómo voy a alcanzar esta meta?
- ¿Cuánto tiempo necesito para alcanzar la meta?

SI TIENE OBJETIVOS. SEA OBJETIVO.

Los objetivos funcionan como un potente motor, son capaces de impulsar nuestra vida, a la empresa y a las personas que trabajan en esta. Sin su fuerza orientadora difícilmente nos moveremos en la dirección correcta.

Para que su objetivo se transforme en una meta, necesita saber a dónde quiere llegar, cuando y como quiere llegar.

Un emprendedor que cree que el beneficio es su única meta, pero podrá descubrir, más adelante, que este tiene una serie de responsabilidades en relación a los socios, con el entorno, la comunidad, los operarios, además de compromisos con su propio desempeño. Luchar por una única meta puede ser frustrante y empobrecedor para una organización.

A parte de las metas generales, el emprendedor también debe definir metas específicas, con la mayor precisión posible. Mientras más específica sea la meta, más fácil será comprenderla, comunicarla a las personas comprometidas con el éxito del emprendimiento, y más claros se harán los criterios para medir el rendimiento de la organización.

¿QUÉ SON LAS METAS GLOBALES?

Son aquellas que se refieren al entorno externo, es decir, a la sociedad, al mercado, y el medio ambiente.

¿QUÉ SON LAS METAS ESPECÍFICAS?

Son aquellas que se refieren al entorno operacional del negocio y a las cuestiones de su gestión, tales como: plazos, niveles de excelencia, índices de productividad y de calidad, reducción de costes, crecimiento de ventas entre otros.

En resumen, el emprendimiento debe trabajar no sólo en función de las metas globales, sino también en función de metas específicas. La planificación define cuáles son y cómo alcanzar las metas del negocio.

Trazar metas es estar pensando en desarrollar o mejorar su negocio. Es pensar en cómo este será de aquí a 5 años aproximadamente. ¿A qué mercado va a atender? ¿Cómo será el perfil de sus clientes? ¿Cuántos operarios necesitarán? ¿Podrá ampliar el espacio físico? ¿Cómo ve la facturación de su negocio?

Los estudiosos de neurolingüística (que es el estudio de la estructura del cerebro en relación al lenguaje) afirman que usted puede programarse para conseguir obtener lo que se propone, conservándose centrado en este deseo. Una observación: la comunidad científica aún está discutiendo si la neurolingüística es una ciencia o una técnica pragmática.

Ahora, visualice su emprendimiento, en los detalles mínimos, descríbalo y establezca sus metas. PÓNGASE A TRABAJAR PARA HACER ESTO UNA REALIDAD.

A la hora de describir sus ideas, sus sueños, sus metas debe de tener en cuenta que estas se deben de describir bajo los siguientes términos:

- Específica: Descrita en términos claros y objetivos. No dejar margen de dudas para nadie. Permite visualizar lo que queremos alcanzar. Por ejemplo: comprar un nuevo carrito para vender perritos calientes, con espacio interno suficiente para guardar la sal, la más panes, las salchichas y las salsas. Si está bien definida la meta, posibilitará que sepamos lo que exactamente deseamos.
- Significado personal: Debe ser importante para usted. Si es trazada por usted, responde a un sueño personal. Muchas veces luchamos en las conquistas que no tienen nada a ver con nosotros, pero esto no es lo mismo
- Provocante: Algo en lo que merezca la pena colocar su energía. Que le accione a usted para la acción. Representa un desafío pues usted escoge aquellos obstáculos que desea superar. Un emprendedor está orientado a vencer dificultades.
- Ejecutable: Posible de realizarse en bases concretas. No siempre lo que se desea es posible. Cuando transformamos un deseo, un sueño, en meta, debemos analizar si esta es ejecutable en aquel periodo. No se adelante a planear vender mil revistas especializadas por mes si su público objetivo de

revistas está situado en un barrio en el que las personas prefieren leer revistas de variedades o del corazón.

- Realista: Usted debe analizar los recursos de los que dispone en el momento. Prever las necesidades de recursos para el futuro -tiempo, dinero, conocimiento, habilidad, equipamiento, tecnología, personas etc. Evaluar su capacidad de movilizar los medios necesarios para alcanzar sus metas. Si aún no tiene un medio de transporte adecuado, no puede pensar en entrega en domicilio ahora.

- Tiempo final: Es el plazo definido para la realización de la meta. Tenemos una tendencia a aplazar la colocación de una fecha (día, mes y año) para que se realicen. Con un tiempo final, usted puede eliminar distracciones y trabajar para cumplir la meta trazada.

- Observable: La meta debe ser formulada numéricamente, lo que va a permitir la evaluación futura de los resultados. Tiene que ser visible y medible. Si usted decide aumentar sus ventas, tiene que saber en cuánto quiere aumentar, cuanto puede invertir, cuanto quiere y cuanto se puede lucrar.

Para alcanzar las metas trazadas, necesitamos planear las formas de alcanzarlas, es decir, las estrategias.

UN POCO DE TEORÍA

Vamos a continuar estudiando aspectos del comportamiento del emprendedor. Anteriormente hablamos sobre la importancia de la postura personal del emprendedor para el desarrollo de su propio negocio. El comportamiento emprendedor está presente en todas las acciones de nuestra vida personal y empresarial.

A continuación vamos a reflejar cómo es importante que conozcamos nuestros puntos fuertes y débiles como emprendedores para mejorar nuestro rendimiento en la conducción del negocio que tenemos o que queremos tener.

Por ello he seleccionado un texto para que usted lo lea como preparación de lo que vamos a ver a continuación. El texto se llama "Sueño de Héroe" y su autor es el poeta Españaeño Murilo Araújo.

EJEMPLO

Ejemplo de la obra "Sueño de Héroe": Con una rama de bambú verde y dos ramos de palmera yo he de hacer un día mi caballo - con alas!

Subiré en él, con viento, allá bien alto, de una carrera, sobre la arboleda y las casas.

Volaré, rozando la mata, las copas en flor de los árboles, como si cruzara el mar... y desde el mar pasaré sobre las nubes pálidas muy por encima de las montañas, de las ciudades, de las cascadas, más alto que la lluvia, en el cielo!

E iré a la estrellas, islas de ríos, islas de piedras divinas, de riberas diamantinas con palmas, conchas ... playas de perla y de oro donde nunca fue nadie...

EXPLICACIÓN

El autor, valiéndose de la imaginación, se hace niño y se ve capaz de viajar en una rama de bambú con alas de hoja de palmera para alcanzar un mundo mejor y único. Símbolo de su sueño y de su ideal...

Vamos a recordar a los grandes navegadores que, en las antiguas épocas de la historia de las civilizaciones, partían con sus precarios y simples barcos en búsqueda de la realización de sus objetivos, de sus sueños. Independientemente de haber sido pequeñas expediciones o grandes armadas, con más de cinco embarcaciones, estas se convertían en emprendimientos que envolvían un gran número de personas.

Muchos navegadores llegaron al lugar que buscaban. Otros alcanzaban un puerto, pero no era lo que buscaban. Muchos y muchos se perdían en el mar, se hundían con sus navíos. La historia de España está repleta de esos ejemplos.

Con todas las terribles dificultades a las que se enfrentaron, los navegadores españoles, portugueses, franceses y de los países del norte de Europa trazaron el dibujo del mapa del mundo.

¿Se imagina cuántas viajes fueron realizados sin éxito hasta que Cristóbal Colón desembarcó? En 10 años (de 1424 a 1434) fracasaron 15 expediciones en esta búsqueda saliendo desde Portugal, llegaron a las Antillas y volvieron a la Península Ibérica, donde está España y Portugal.

CONCLUSIÓN

Crear o expandir un emprendimiento es cómo realizar un viaje. Está claro que ya disponemos de muchos instrumentos modernos, de tecnología avanzada y un conjunto de experiencias que nos pueden preparar para obtener éxito. El espíritu, sin embargo, es el mismo:

- Fidelidad a los sueños
- Coraje para correr riesgos calculados
- Mucho esfuerzo
- Trabajo

Ya sabe que son muchas las condiciones que el emprendedor necesita tener para crear o expandir su negocio. Quién diga que es fácil, está siendo muy optimista. Pero si le dicen que es la cosa más difícil del mundo, esas personas están siendo demasiado pesimistas.

Ejemplo

Era una vez dos ranas que cayeron en un charco de crema. La primera rana, al ver que no tocaba pie aquel líquido blanco, aceptó su destino y se ahogó.

La segunda rana no le gustó la perspectiva. Quedó debatiéndose en la crema e hizo todo lo que pudo para quedarse en la superficie. Pasado algún tiempo, toda aquella agitación hizo que la crema se volviera mantequilla y esta consiguió subir por el charco.

¿QUÉ LECCIONES PODEMOS SACAR DE ESTA HISTORIA?

Nosotros podemos modificar las condiciones que nos rodean. El ser humano, desde hace millones de años, viene transformando el medio ambiente al interferir en la Naturaleza para buscar mejorar sus propias condiciones de vida. Con esfuerzo, determinación, persistencia y decisión de luchar por lo que se desea, es posible también construir un emprendimiento, desde cuando sabemos lo que queremos y donde deseamos llegar.

EL PLAN

Usted ya reúne una colección bien grande de experiencia que le permite evaluar con tranquilidad el grado de oportunidad y riesgo para su emprendimiento. El emprendedor está siempre en búsqueda de un norte para sus actividades empresariales y personales. Al producir, vender, comprar, finalmente, realizar algo que tenga algún significado para sus negocios, el emprendedor tiene en mente alcanzar determinados objetivos.

- ¿A dónde vamos?
- ¿Cuáles son nuestros objetivos?

Sin las respuestas adecuadas, el emprendimiento no podrá planear su futuro. Sin planificación, no tenemos la seguridad de saber si estamos recorriendo el camino correcto. Es cómo ir a ciegas. Sin planificación, no hay una forma de medir y evaluar el propio rendimiento del negocio. Por ello es aconsejable: Planear Siempre.

Planear es decidir con antelación QUE HACER, DE QUE MANERA, CUANDO, y QUIÉN DEBE HACER, de forma flexible y basada en los conocimientos que usted tiene, las estimaciones que hace y los objetivos que se propuso alcanzar.

La planificación es la selección de alternativas que serán adoptadas por el emprendedor. Determinar metas y la manera de alcanzarlas. La planificación desvela las posibilidades de desarrollo en el futuro, a partir del análisis de informaciones importantes, actuales y pasadas, así como las que se proyectan. Se trata de una propuesta de acción que hace posible que el negocio alcance sus metas.

En la planificación es donde se traza el camino que seguirá el emprendedor para alcanzar sus metas. Planeando, el emprendedor consigue organizar su negocio, identificar y quitar el mejor provecho de las oportunidades con las que se encuentra constantemente.

El acto de planear representa seriedad y profesionalidad. En toda planificación, necesita del monitoreo, que es la capacidad de acompañar todo el proceso recorrido para alcanzar la meta, utilizando instrumentos y procedimientos que puedan medir su trayectoria y confirmar si el rumbo, va por el camino correcto o si serán necesarias algunas correcciones.

No son sólo los emprendedores, los técnicos de las selecciones deportivas, los que promueven las políticas públicas o los grandes inversores de las Bolsas de Valores suelen utilizar las herramientas de la planificación para obtener éxito en sus negocios.

Todos nosotros, en nuestras actividades diarias, nos planeamos. Aquel domingo especial, el campeonato de fútbol, los encuentros con los amigos para asistir a los partidos de fútbol, el presupuesto familiar, los proyectos de cualificación profesional, la reforma de la casa, las vacaciones de la familia, la visita a un museo, etc...

EJEMPLO

Si usted visita un museo de arte moderno, después de la observación cuidadosa de los cuadros, ¿pensaría que los pintores planearon sus trabajos? ¿Cómo decidieron la elección de los colores, de los temas, del material que iban a usar, las figuras o las formas, o la dimensión de las obras?

A pesar de tener que lidiar con la traducción de la belleza, de los sentimientos y de las emociones, los artistas trazan metas, quieren obtener resultados, tienen clientes y plazos para la entrega de sus trabajos.

Ahora imaginemos que vamos a entrevistarnos con la Secretaria de la Academia Española de las Letras, que tiene por profesión y vocación ser escritora.

LA ENTREVISTA

Emprendedor: ¿Puede decirnos que es la Academia Española de Letras?

Secretaria: Es un placer conversar con vosotros, emprendedores de micro y pequeñas empresas de mi país. La Academia es una institución, creada el siglo 17, para reunir a los escritores que hayan prestado un mayor servicio a la cultura española. Los escritores son elegidos por sus homólogos para ocupar las 40 sillas existentes. Cada silla tiene un patrón, es decir, su primer ocupante y fundador. Cada vez que queda libre una silla por muerte del titular, se hace una nueva elección. La presidencia se realiza mediante los votos de todos los académicos.

Emprendedor: ¿Es difícil ser un escritor?

Secretaria: Requiere vocación y trabajo, como para todas las profesiones. El escritor expresa los sentimientos y las emociones de todos nosotros. Su instrumento de trabajo es la palabra, pero estas no nos llegan con facilidad. Es necesario investigar, aventurarse por nuevos caminos, desconfiar de la facilidad con que las palabras se ofrecen. Para escribir un libro, el escritor necesita planear bien su trabajo, los plazos de los que dispone para la entrega de los originales a la editora, distribuir bien el tiempo para cada capítulo del libro etc. ¿Respondí a su pregunta?

Emprendedor: Sí. Es muy agradecido por su gentileza en respondernos.

¿Se da cuenta de cómo la planificación está presente en cualquier actividad?

Ahora, usted deberá realizarse esa entrevista ya que queremos saber cómo será la planificación de su negocio, sea usted el emprendedor, o alguien que aún está pensando en montar un emprendimiento.

ENTREVISTA

1. ¿Cuál es el negocio?

2. Diga 3 características que diferencian el producto o servicio que usted ofrece.

3. ¿Qué metas trazó para su emprendimiento?

4. ¿A qué clientes está orientado su producto o servicio?

5. ¿Cuántos empleados tiene?

6. ¿A quién le comprará los productos que necesita (proveedores)?

7. ¿Cómo entregará su producto o servicio?

8. ¿Cómo garantiza los plazos de entrega?

Fíjese bien antes de llenar el formulario ya que está registrando la situación presente de su emprendimiento. Cuando lo vea necesario, añada o quite algún elemento.

¿Cómo sabemos que lo que planeamos es lo adecuado? Acompañando el proceso trazado por la planificación, es lo que llamamos monitoreo, es decir, la capacidad de acompañar todo el camino para alcanzar la meta.

Muchas veces, es necesario corregir el rumbo, evitando el cúmulo de errores cuyos costes serían mucho más altos.

RESUMEN

Todas nuestras actividades diarias, por más simples que sean, necesitan de una planificación. Planear significa establecer prioridades, plazos, objetivos y formas de realización. Cualquier negocio conlleva diversas inversiones. Usted invierte su energía personal, su capacidad de trabajo, su creatividad, su talento y su dinero. Por lo tanto, es importante que intente identificar las buenas oportunidades, que puedan garantizarle un merecido éxito. Es ahí donde se hace presente la necesidad de una planificación realizada con criterio, a través de la cual podrá organizar, de forma bastante objetiva, lo que va a hacer, trazando el camino que va a seguir, para alcanzar las metas que desea alcanzar.

BUSCANDO INFORMACIONES

- Una persona, al cumplir los 60 años, vivió 525.000 horas.
- Una persona que trabaje 8 horas diarias, habrá trabajado 80.000 horas, en 30 años.
- Una persona con 60 años gastó 219.000 horas con el sueño, necesidades básicas y cuidados de la salud.

A esta persona aún le sobran 226.000 horas para hacer lo que quiera.

Es posible y es deseable que se crea que el ser humano es perfecto, que tiene una capacidad ilimitada de aprender nacida con él.

Gracias a la tecnología, las historias y las noticias dejaron de ser un privilegio de pocos. Pero lo que vale no es sólo tener las informaciones, sino el ser capaces de interpretarlas.

Durante siglos, sólo los maestros tenían acceso a determinadas informaciones y las transmitían en las escuelas. El acceso a las novedades estaba restringido. Hoy, cualquier noticia recorre el mundo en segundos. Y cada vez un mayor número de personas tendrá acceso a más informaciones.

En 1865, Abraham Lincoln, presidente de Estados Unidos, fue asesinado durante la presentación de una pieza teatral en Washington. La noticia tardó trece días para llegar a Europa.

INFÓRMESE MÁS Y MEJOR

La cantidad y la calidad de las informaciones de las que dispone el emprendedor permanentemente sobre su negocio determinan la posibilidad de que su emprendimiento esté al frente de la competencia y de que logre éxito.

Es importantísima, ya que de esa forma, el emprendedor aumentará su capacidad de aprender permanentemente más y más cosas relacionadas a la organización, sus clientes, proveedores, compañeros, competidores y operarios.

Con esas informaciones, este consigue establecer metas con bases reales, es decir, planear y desarrollar mejor su negocio.

Aprender es tener sed de conocimiento. No existe una fórmula mágica para que alguien se haga un emprendedor. El talento por sí sólo, no es suficiente. El conocimiento por sí sólo, no es suficiente. Pero, si usted reúne los dos, tiene muchas oportunidades de ser un emprendedor de éxito.

CURISIDAD

¿Usted habrá oído hablar de Gutemberg? Un día observando como una prensa extraía el jugo de la uva, este se preguntó: ¿Y si yo cogiera las formas de acuñar monedas y colocar varias de estas bajo presión en la forma de vino? ¿La imagen quedaría impresa en el papel?

El alemán Jonhann Gutemberg fue el inventor de la prensa en el siglo XV (1442).

En 1971, Nolan Bushnell miró hacia la televisión a la que asistía con sus hijos pequeños y pensó: ¿Será que no existe una forma de, además de asistir a los programas, que yo y mis hijos podamos jugar con ella?

¿Cuántos de nosotros no conocemos los videojuegos?

La verdadera clave para tener una idea nueva es creer que el conocimiento es la materia prima de las nuevas ideas. Las informaciones que nosotros buscamos y recibimos necesitan ser accionadas, de forma que consiga comenzar a pensar de forma diferente.

Fue con preguntas e hipótesis como surgieron las ideas generadoras de buenas oportunidades de negocios. Aunque no toda buena idea es una buena oportunidad de negocio.

Jugando con el conocimiento y la experiencia, podemos transformar lo común en extraordinario y lo extraordinario en común. Mire a su alrededor. Usted conoce a personas que son capaces de contarle una broma (que usted ya conoce) de una manera completamente nueva, que son capaces de hacerle reír como si fuera la primera vez que la escuchó.

En los negocios también es así. Descubrir una buena oportunidad de negocio es mirar hacia lo que todo el mundo está viendo y pensar una cosa diferente, crear una forma diferente utilizar aquella información que todos tienen.

La constante búsqueda de nuevas informaciones ayuda al emprendedor a mantener el necesario nivel de competitividad en el mercado en el que su empresa está establecida. Sólo disponiendo de informaciones actualizadas, el emprendedor consigue establecer objetivos con bases reales y, de esa forma, planear y desarrollar mejor su negocio.

También es importante captar las informaciones existentes en el entorno interno del negocio, conversando rutinariamente con los empleados que están en contacto directo con clientes y proveedores.

Es necesario identificar que informaciones son importantes, donde y de qué forma obtenerlas, y como traer esas informaciones externas hacia dentro del emprendimiento, de modo que puedan ayudar al emprendedor en la toma de decisiones más acertadas.

Mientras más conozca el entorno del negocio, mayores oportunidades de éxito tendrá el emprendedor.

Algunos organismos públicos realizan estudios constantes para prestar una mejor ayuda a sus consumidores y a los responsables de los pequeños negocios. En uno de esos estudios se constató que de cada 100 emprendimientos abiertos en España:

- El 35% de estos no llegan al año de vida empresarial;

- El 46 % de los que sobrevivieron al primer año no llegan al segundo año de vida empresarial; y
- El 56 %de los supervivientes al segundo año desaparecen a los 3 años de vida empresarial.

¿Por qué en España la probabilidad de crear o mantener un negocio es relativamente baja? ¿Cuáles son las principales causas?

Cada uno tendrá un punto de vista particular sobre este asunto, por ello le invitamos a consultar en foros sobre emprendedores para así conseguir varios puntos de vista que le ayudarán a corregir errores en sus emprendimientos.

UN POCO DE TEORÍA

Vamos a concluir esta unidad aconsejando la lectura de un texto, extraído del libro "El Secreto de Luisa", escrito por Fernando Dolabela.

Es un texto que habla de la facilidad de acceso a las informaciones sobre nuevos productos, nuevos mercados, competidores, público consumidor, oportunidades de negocios en cualquier parte del mundo. El contacto se realizado por medio de la red mundial de ordenadores, internet.

INTERNET Y LA PEQUEÑA EMPRESA

Para la pequeña empresa, con recursos limitados, tanto financieros como humanos, el uso de Internet asume una importancia crucial. Esta ofrece, a precios bajos y alta velocidad, acceso tanto a la tecnología de la información como a su uso competitivo, además de permitir que pequeñas empresas entren en el mercado global, área tradicional de dominio de las grandes corporaciones, que eran las únicas capaces hasta la aparición de Internet, de afrontar los elevados costes del establecimiento de una red de delegaciones internacionales.

Es necesario que el uso estratégico de Internet esté previsto en las acciones estratégicas de la pequeña empresa. Es decir, la empresa debe decidir y prepararse para usar internet en su negocio como una herramienta estratégica para:

- La prospección de clientes y publicidad;
- La Implicación con grupos especializados para el intercambio de conocimiento e informaciones tecnológicas;
- La Investigación y desarrollo de ideas y oportunidades;
- Las Comunicaciones eficientes;
- La Conexión bajo demanda con clientes y proveedores;
- El Alcance geográfico, acceso general.

Las informaciones que vamos obteniendo, a lo largo de nuestra vida, van acumulándose y construyendo nuestro conocimiento. El conocimiento se construye a partir de nuestro deseo de aprender sobre las cosas y las personas. Es del conocimiento donde nacen nuestras ideas. A veces, tenemos ideas geniales, que pueden ser transformadas en negocios lucrativos. Al emprender cualquier negocio, buscamos ampliar nuestras informaciones, aumentar nuestro conocimiento, a partir del enfrentamiento y de la adquisición de nuevas ideas, y de la aprehensión de la experiencia de los otros.

EL PROYECTO DEL EMPRENDIMIENTO

¿Quién podría imaginar, hace 10 años, que esto estaría sucediendo en la vida de cada uno de nosotros?

Si nuestra vida personal cambió tanto, nuestra forma de hacer negocios también tiene que ser diferente. La improvisación, la patada, el dejar por allí, el ver cómo quedará eso, falta de planificación y la falta de compromiso con el cliente no caben más en la rutina del emprendedor.

Ya vimos cómo es de importante para la vida del país la actividad de los pequeños negocios, también vimos la importancia de tener una idea y transformarla en una buena oportunidad de negocio. Hablamos sobre sueños y como es necesario tenerlos. Hablamos del emprendedor y de las características que debe tener. Hablamos de cómo es necesario planear, establecer metas, buscar informaciones para lograr el éxito en los negocios.

A continuación vamos a ver lo que nos falta, que es: el plan de negocios. Es un instrumento importante para que el emprendedor haga viable su negocio, garantizándole mayores oportunidades de éxito.

A continuación vamos a ver el Plan del Negocio, lo que significa, como debe ser realizado, cuál es su finalidad e importancia. Usted va a saber cómo se hace un plan de negocio.

¿QUÉ ES UN PLAN DE NEGOCIOS?

Es, a la vez, el retrato de la empresa hoy y una proyección del futuro.

Es una forma de pensar sobre el futuro del negocio, a donde se quiere llegar, como se va hasta ahí, como ir más rápidamente, que hacer y que evitar durante el camino, para evitar incertidumbres y riesgos.

Usted va a aprender una nueva metodología. Todavía se usa poco en España, pero es muy común en otros países como, por ejemplo, en Canadá. Los grandes y pequeños empresarios, los nuevos y viejos emprendedores canadienses utilizan esta herramienta que da cuenta de todos los aspectos del negocio.

Anteriormente usted ya vio como es de importante la planificación para cualquier negocio, independiente del tamaño que este tenga. Usted ya estableció metas y trazó estrategias para su negocio.

A continuación vamos a ver como los especialistas elaboran un plan de negocios, utilizando las informaciones con las cuales usted leía en la rutina de su actividad.

La planificación envuelve el registro más completo posible de lo que es importante para el negocio, como por ejemplo:

- Su destino

- Las estrategias para llegar allá donde a usted le gustaría estar en las fechas específicas, los obstáculos que puede encontrar, lo que hacer para vencer esos obstáculos
- Usted no necesita de instrumentos complicados para comenzar un plan de negocios. Usted debe hacerlo, cuando necesite:
  - Conocer bien el negocio
  - Ampliar el negocio
  - Invertir en otros equipamientos
  - Promocionar su marca
  - Contratar más empleados para obtener mayores beneficios
  - Identificar oportunidades
  - Conseguir financiación
  - Comunicarse con compañeros y proveedores
  - Gestionar las actividades diarias.

Es un instrumento para usted pueda negociar con sus empleados, mostrarles como quiere que estos se comporten en el trabajo en relación a los clientes, socios y proveedores. Es la manera de presentar a la empresa a los nuevos empleados.

También es un instrumento necesario para que usted sea candidato a financiaciones, préstamos, a convencer a los futuros socios de la oportunidad de negocios que su empresa representa.

Como ve, debe ser utilizado a menudo, consultado y actualizado. No es sólo para decir que tiene un plan de negocios, es para que este le sirva de guía, le dé las bases para que usted pueda decidir con seguridad las cuestiones del emprendimiento. Por ejemplo, si alguien, dispuesto a invertir en un nuevo negocio, le pidiera para hablar sobre su emprendimiento, ¿Usted qué le diría?

Cuando queremos que las personas "compren" nuestra idea tenemos que saber "vender" bien nuestra idea. El poder de convencimiento es otra característica importante del comportamiento emprendedor.

El emprendedor, además de planear su negocio, necesita tener un plan continuo de seguimiento y evaluación, para que haga los ajustes y adecuaciones necesarias. De esa forma, este será capaz de: conocer bien y ampliar su negocio; invertir en otros equipamientos; divulgar su marca; contratar a más empleados; obtener mayores beneficios; identificar oportunidades; conseguir financiación; comunicarse con compañeros y proveedores y gestionar las actividades diarias.

EJEMPLO DE EMPRENDIMIENTO

A continuación vamos a conocer a un emprendedor español, al cual vamos a entrevistar para obtener más datos y con ello más conocimiento para lograr el éxito en nuestros emprendimientos. Su nombre es Carlos Goiribar, tiene 54 años y desde hace más de 6 años ya no está dentro del mercado formal de trabajo. Vive con su mujer e hija, pero ninguna de las dos tiene empleo fijo.

A continuación vamos a ver como deberíamos entrevistarlo para obtener informaciones importantes para nuestra formación:

Emprendedor: ¿De qué viven ustedes, si nadie tiene empleo?

Sr. Carlos: Mi mujer realizó un curso de cocina y tuvo la iniciativa de hacer biscochos para vender en la calle.

Emprendedor: ¿A qué clientela lo vende?

Sr. Carlos: Ahora, ya tiene a los clientes adecuados, pero antes vendía por la calle sin una localización fija.

Emprendedor: ¿Por qué sus clientes compran los biscochos?

Sr. Carlos: Porque son buenos, están bien empaquetados, tenemos mucha preocupación con la limpieza y se los entregamos en el trabajo o en sus casas.

Emprendedor: ¿Cómo se mueven o transportan?

Sr. Carlos: Mediante el transporte público, o andando entre un local y otro.

Emprendedor: ¿Dónde compra el material que necesita?

Sr. Carlos: En el supermercado que tengo cerca de casa.

Emprendedor: ¿Cuál es su facturación mensual?

Sr. Carlos: No tengo una idea exacta. A medida que el dinero entra, voy separando un poco los gastos del material, transporte y los gastos de casa. Sobra poco.

Emprendedor: Usted tiene un buen producto, tiene clientes, tiene un local de producción, pero gana poco. ¿Por qué no amplía su negocio?

Sr. Carlos: Algunas personas me incentivan, otras preguntan por qué no recurro a una financiación para realizar una mayor inversión. Oí decir que se necesita cubrir muchos papeles, muchos documentos. Yo tengo miedo de no hacerlo bien, de no saber ejecutar bien el plan de negocios que realice.

Emprendedor: No, señor Carlos, hacer un plan no es tan difícil. ¿Por qué no asiste a un curso para emprendedores? Se dará cuenta de que ya está haciendo muchas cosas de la manera correcta, y solamente le hacen falta unos pocos conocimientos más para lograr el éxito.

EXPLICACIÓN

El caso de Señor Carlos no es único. Usted conocerá a muchas personas que podrían organizar mejor sus negocios, pero no consiguen hacerlo. Les falta organizar las informaciones que ya tienen y buscar otras más actualizadas.

Anteriormente hemos visto como planear, establecer metas y que tener informaciones es importante para la creación o desarrollo de cualquier emprendimiento. Recuerde que las posturas y los comportamientos del emprendedor son la base para el éxito del negocio.

UN POCO DE TEORÍA

Por la entrevista con el Señor Carlos, usted pudo percibir cómo este necesita trazar un plan de negocios. No existe un modelo de plan que vaya a ser adecuado a cualquier emprendimiento. Ni existe un profesional que sepa hacer un plan ideal para el negocio ajeno.

El especialista puede ayudar al señor Carlos a elaborar un plan para su emprendimiento, pero no podrá hacerlo sin él. Las ideas, las metas, las resoluciones deben ser tomadas por el Señor Carlos que es el dueño del emprendimiento. Es él quien sabe a qué destino quiere llevar a su negocio.

Mientras más conozca su emprendimiento, mejor será el Plan de Negocio que usted va a poder presentar.

CÓMO SE ELABORA EL PLAN DE NEGOCIOS

PRIMERA ETAPA

Reúna todas las informaciones que tiene sobre el emprendimiento. Describa el histórico de su negocio, la experiencia que usted ya tiene en el sector. Si tiene socios, hable sobre la experiencia de todos los socios, inclusive la suya.

SEGUNDA ETAPA

Defina el objetivo del negocio, lo que usted pretende hacer para iniciarlo o desarrollarlo. Cuáles son los resultados que pretende alcanzar. Hable sobre las condiciones del mercado. Al público que usted atiende hoy y al que pretende atender en el futuro. Esclarezca cuál es su posición en relación a sus competidores y sus proveedores. Sea claro y directo, use palabras simples para hacerse entender. Diga directamente como pretende aumentar sus ingresos.

TERCERA ETAPA

Defina lo que va a necesitar para alcanzar el objetivo que trazó para el negocio. Tenga claro los elementos necesarios (suministros), tales como: materiales (máquinas y equipamientos), adquisiciones tecnológicas para mejorar el proceso productivo, recursos humanos (empleados). Estos elementos deben ser dimensionados con mucho criterio.

CUARTA ETAPA

A estas alturas, usted ya tiene delineado lo que necesita para alcanzar el objetivo trazado. Ahora, está en la hora de calcular exactamente cuánto capital va a necesitar para hacerlo realidad. Si usted va a buscar financiación, este es un momento muy importante. Es aquí que usted va a decidir cuánto tiene (capital propio) para participar en el proyecto. La institución financiera necesita convencerse de que el proyecto tiene las condiciones necesarias para alcanzar los objetivos. El compromiso que el dueño muestre cuando cree en el negocio, será un factor importante que le reportará muchas oportunidades de éxito.

QUINTA ETAPA

Cualquiera que sea el motivo por el cual usted está haciendo un plan de negocios, defina un cronograma (día, mes, año) para implantar lo que usted decidió hacer. Es importante prever, con exactitud, el plazo de compraventa de material y equipamiento que va a necesitar, la entrega e instalación de esos suministros , la contratación de personal, los plazos de entrega del producto o servicio a los clientes.

SEXTA ETAPA

Si se está preparando para obtener financiación, debe de preocuparse de las garantías que va a tener que ofrecer. Ninguna institución aprueba un proyecto de financiación sin tener las suficientes garantías de retorno.

SÉPTIMA ETAPA

No basta con ofrecer garantías para obtenerse la liberación del crédito por la financiera. Es preciso comprobar que el negocio es capaz de generar beneficios, de forma que el emprendedor pueda pagar el compromiso asumido con la financiera. Esto se llama viabilidad económico-financiera. Para esta etapa normalmente el emprendedor va a necesitar de ayuda técnica.

REFLEXIONES

A modo general, un plan debe contener los 7 pasos que hemos visto. Para que sea más fácil, vamos a relacionar abajo la estructura básica de un plan que usted puede imprimir para sus necesidades futuras. No es un modelo único ni todo plan tiene que ser así, pero este es el formato más utilizado por emprendedores de pequeños, medios o grandes negocios.

1. Cubierta

2. Sumario (relación de los elementos que componen el plan)

3. Sumario Ejecutivo (resumen de los elementos del plan)

      3.1 - Misión

      3.2 - Objetivos y metas del negocio

      3.3 - Estrategia de marketing

      3.4 - Responsables del negocio

      3.5 - Proceso de producción

      3.6 - Estructura del negocio

7.1 - Demostración de los resultados

7.2 - Flujo de Caja

7.3 - Balance Patrimonial

8. Documentos anexos

8.1- Curriculum Vitae

8.2- Cartas de referencias

8.3- Seguros sociales

8.4- Contrato de alquiler etc.

No existe un plan ideal. A veces, se puede hacer un plan resumido; otras veces, es necesario que este esté más detallado. Cualquiera que sea la forma, deben ser utilizadas informaciones precisas, datos claros y lenguaje simple.

Lo que va a definir el tipo de documento que va a ser elaborado es la finalidad que le vamos a dar a este. Si fuera para una solicitud de financiación, también deberá atender a las solicitudes de la entidad financiadora. Si fuera para que la empresa se organice, se conozca mejor, podrá ser un plan operativo resumido (entre 10 a 15 páginas), contemplando los elementos relacionados.

Un plan debe ser concebido para ser un instrumento de ayuda al emprendedor, para posibilitarle, hacer modificaciones, de acuerdo con las modificaciones del mercado y de los objetivos del negocio.

Con un plan de negocios, el Señor Carlos tendrá una buena oportunidad de hacer crecer su negocio con seguridad, superando el miedo de fallar en todo. El plan no determina el éxito, pero ayuda a conseguirlo.

Sabemos que acabamos de ver un asunto que para algunos es difícil. Pero piense así. ¿Cómo puedo estar seguro de los pasos que necesito para lograr el éxito de mi emprendimiento, si yo no cuento con informaciones seguras y organizadas?

Un plan de negocios es esto. Puede ser un emprendimiento mayor o un emprendimiento pequeño. El plan puede estar escrito a lápiz, bolígrafo o tecleado pero este tiene que existir para poder tomar decisiones sobre su negocio con seguridad. Y este debe ser consultado a menudo.

EJERCICIO DE RELAJACIÓN

Para finalizar este libro, creo que nos merecemos descansar un poco, para ello vamos a hacer un poco de ejercicio físico para relajar el cuerpo.

¿Qué le parece aprender a respirar de forma adecuada?

1º Cierre los ojos, deje la boca entreabierta, inspire muy lentamente, con el abdomen, coja un poco el aire dentro de la barriga y enseguida expire muy lentamente, hasta que todo el aire haya salido de su barriga. Usted percibirá eso cuando la barriga esté marchita.

2º Al expirar, piense en los puntos de tensión de su cuerpo y libérelos junto con el aire.

3º Espere un poco, y repita los movimientos inspiratorios y espiratorios aproximadamente 10 veces.

4º Intente alejar todo y cualquier pensamiento mientras esté haciendo el ejercicio respiratorio.

RESUMEN

Para elaborar un plan de negocios, es necesario reunir las informaciones, describir el histórico de su emprendimiento y la experiencia que usted y/o sus socios ya tienen en el sector. Defina el objetivo, la metodología de trabajo y los resultados que pretende alcanzar. Use, siempre, un lenguaje objetivo y sea claro en sus propuestas. Para alcanzar sus objetivos, defina y dimensione, previamente, con claridad, los elementos necesarios (suministros) para la ejecución de su plan. Cabe resaltar la importancia de establecer los costes de su negocio, definiendo si se usará capital propio, o se buscará una institución financiera. Establecer un cronograma también es fundamental.

LA CAPACITACIÓN PROFESIONAL

Para aquellos que no tenían el hábito de usar internet o de estudiar por la web, la práctica está creando una nueva cualificación, es decir, se están preparando para usar una tecnología que no usaban antes. Con esto se hacen emprendedores más cualificados, más preparados para un mercado más exigente, donde casi todo ya se hace por este medio.

Cualquier emprendimiento necesita de un emprendedor preparado, capacitado para administrarlo y transformarlo en un caso de éxito.

También es correcto decir que esto no sólo se aplica a los negocios grandes o medianos sino también a los pequeños negocios. Muchos emprendedores de pequeños negocios ya perdieron y continuarán perdiendo buenas oportunidades de crecimiento por no pensar de esta forma.

Todo lo que estamos viendo aquí se aplica a cualquier tipo de negocio, necesitando, claro está, de las algunas adaptaciones aplicadas a su sector. Es pensando de esta forma como vamos aprendiendo cosas nuevas, ampliando nuestro conocimiento.

El siglo XXI llegó, reafirmando la importancia del conocimiento que se encuentra a nuestra disposición, de las formas más diversas y en los lugares más diferentes. Todos nosotros somos maestros y somos aprendices. Tenemos siempre que aprender. Tenemos siempre que enseñar.

El emprendedor no nace hecho, se puede aprender a ser emprendedor. Esto se hace a través de la potenciación de habilidades, conocimientos, actitudes, experiencia y contactos en un periodo de algunos años.

Hay una afirmación habitual, pero que no se confirma en las investigaciones realizadas, de que para ser emprendedor se tiene que ser joven. La edad media entre los emprendedores investigados es alrededor de 35 años de edad, encontrándose en muchos casos de emprendedores con 60 años.

Anteriormente conocimos al Señor Carlos de 54 años. Este reúne varias condiciones para ser un emprendedor de éxito. Lo que le faltaba no era recurrente de la edad y, sí, de la falta de preparación para gestionar el negocio.

Fl señor Carlos descubrió que hay muchas maneras de buscar capacitación profesional, mediante formación online, cursos de organismos públicos, entre otras. El emprendedor analizará cuáles son sus necesidades de capacitación.

Cuando usted hace un plan de negocios, tiene la oportunidad de evaluar lo que usted y las demás personas necesitan aprender para poder realizar mejor sus tareas. De esta forma, los riesgos de fracaso se van reduciendo.

Un desafío para usted...

¿Le gusta ver la televisión?

¿Acostumbra leer periódicos?

¿Le gusta oír la radio?

¿Tiene el hábito de leer revistas?

¿Presta atención a las propagandas esparcidas por la calle?

¿Busca informaciones y noticias sobre su sector de actividades?

¿Navega en internet?

¿Conoce a algún competidor suyo?

¿ Planea volver para la escuela, si aún no concluyó sus estudios?

¿Pregunta a los clientes si están satisfechos con su emprendimiento?

¿Intercambia ideas con sus proveedores?

¿Conversa con amigos, vecinos, conocidos sobre las necesidades de nuevos productos o servicios?

¿Busca saber dónde es posible conseguir cursos, asistir a conferencias de asuntos de su interés?

UN POCO TEORÍA

Como ve, son muchas las formas de buscar cualificarse mejor para gestionar su emprendimiento. Hay muchas oportunidades que se ofrecen en algunas ciudades al emprendedor de pequeños negocios, sin costes para este. Intente buscar las de su localidad.

Cuando usted habla con clientes o proveedores, aún sin anotar en el papel las respuestas que va obteniendo, usted está haciendo una investigación. Está buscando informaciones, probando nuevas posibilidades de negocios, capacitándose para ser un mejor profesional.

La manera informal de adquirir conocimiento no puede ser la única forma de desarrollo de la vocación y de la capacidad para emprender. Es necesario, ante la importancia del papel que los emprendedores de pequeños negocios han desempeñado en la actividad económica en España, buscar cultivar también en las escuelas una cultura emprendedora.

Los jóvenes podrían tener la oportunidad de desarrollar actitudes, conocimientos y habilidades necesarias para la práctica emprendedora. Ya existen experiencias de enseñanza de emprendimiento en las Universidades, en las instituciones de capacitación y actualización profesional, buscando inculcar la idea de que es "posible hacer".

RESUMEN

Es necesario estar abierto a los nuevos desafíos, aceptando los cambios, para su negocio pueda seguir creciendo. La práctica va a mostrarle los nuevos caminos que deberá seguir y las nuevas direcciones que deberá tomar. No podrá quedar ajeno a las novedades que van surgiendo, y trayendo, inclusive, progresos y beneficios para su negocio. Su postura le permite tener una mayor cualificación, preparándole para un mercado más exigente.

ACERCA DEL AUTOR

Este libro ha sido elaborado por el autor Javier Cano Perera, consultor especializado en economías emergentes desde el año 2007.

ISBN: 978-1508824015

BIBLIOGRAFÍA

Eduardo Bueno Angelo. Emprendedor Corporativo: la nueva postura de quien hace la diferencia.

Ronald Degen. El emprendedor: fundamentos de la iniciativa empresarial.

Fernando Dolabela. Taller del emprendedor.

J. C. Dornelas. Emprendimiento: transformando ideas en negocio.

Peter Drucker. Sociedad post-capitalista.

J. Renesch. Liderazgo para una nueva era.

D.F. Hastings. Dominando los desafíos del emprendedor.

www.ingramcontent.com/pod-product-compliance
Lightning Source LLC
Chambersburg PA
CBHW070810180526
45168CB00002B/555